सम्राट
पृथ्वीराज चौहान

रघुवीरसिंह राजपूत

डायमंड बुक्स

प्रकाशक : डायमंड पॉकेट बुक्स (प्रा.) लि.
X-30 ओखला इंडस्ट्रियल एरिया, फेज-II
नई दिल्ली-110020
फोन : 011-40712200
ई-मेल : sales@dpb.in
वेबसाइट : www.diamondbook.in
मुद्रक : रेप्रो (इंडिया)

Samrat Prithviraj Chouhan

By : Raghuvirsingh Rajput

जिसकी यादों का भँवर अखंड गूंजता
रहता है उस मेरी प्रिय पत्नी
सौ. सुशल की स्मृति में-

-रघुवीरसिंह राजपूत

प्रस्तावना

आज एक जटिल विषय पर लिखने का प्रयास करने जा रहा हूं। असल में विषय है तो ऐतिहासिक ही, भगवान भास्कर की तरह तपती एक व्यक्तित्व रेखा सम्राट **पृथ्वी राज चौहान!** जिनकी कीर्तिगाथा इतिहास के पृष्ठों पर सुवर्णाक्षरों में लिखी जानी चाहिए थी। पर ऐसा नहीं हुआ। यह वीर जैसे उपेक्षित ही रहा। ठाणेश्वर के निकट तराइन नामक युद्ध क्षेत्र में शहाबुद्दीन मुहम्मद गौरी ने पृथ्वीराज चौहान को परास्त किया, इतनी ही खबर इतिहास ने ली। इससे अधिक महत्त्व इतिहास ने इस महावीर को नहीं दिया।

इस चरित्र ग्रंथ में संक्षेप में उन्हीं का जीवन-वृत्तान्त पाठकों की सेवा में पेश करने का इरादा है-

कन्नौज के सम्राट महाराज हर्षवर्धन का 647 में स्वर्गवास हुआ। उनके साथ ही उत्तर हिंदुस्तान के एक बलशाली विराट साम्राज्य का अस्त हो गया। तत्पश्चात प्रतिहार, परमार, चंदेल, सोलंकी, राठौड़, चौहान आदि छोटे-बड़े राज्यों का निर्माण हुआ। उनके राजा आपस में बैर रखते थे। इसी कारण कभी-कभी उनका टकराव हो जाता। बाहर के दुश्मन इस मौके का बराबर लाभ उठाते।

भारतमाता 'स्वर्णभूमि' के नाम से मशहूर थी। कहा जाता था कि यहां के चूल्हे से निकलने वाला धुआँ भी स्वर्णयुक्त होता है, इसीलिए चंगेज़खान, तैमूरलंग, महमूद गजनी आदि ने भारत पर बार-बार आक्रमण किया, अनगिनत लूट-पाट की और अपने देश में ले गए। उन दिनों उनके आक्रमण का उद्देश्य केवल लूटपाट करने की हद तक ही सीमित रहता था। उसमें सफलता पाते ही वे अपने देश को लौट आते थे।

नवनिर्मित राज्यों में कन्नौज, गुजरात, बुंदेलखण्ड-महोबा ये तुलनात्मक दृष्टि से दिल्ली की अपेक्षा सभी बातों में बड़े थे। कन्नौज नरेश जयचंद राठौड़ अपने विशाल राज्य से संतुष्ट नहीं था। उसकी नजरें दिल्ली पर लगी हुई थीं। गुजरात पर चालुक्य वंशीय सोलंकियों की अधिसत्ता थी। दिल्ली उसको भी चाहिए थी। दिल्ली के महाराज थे, अनंगपाल तोमर'

एक गीतकार ने कहा ही है,

'दिल्ली है दिल हिंदुस्तान का
ये तो तीरथ है सारे जहान का!'

वाक्य दिशा में शहाबुद्दीन मुहम्मद गौरी जाल बिछा रहा था।

मई 1166 में पृथ्वीराज चौहान का जन्म हुआ और 1192 में अंत, केवल 26 वर्ष में। बालिग होने से पहले ही युद्ध क्षेत्र में उतरना पड़ा। अंत तक मैदाने-जंग में उलझे रहने का यह सिलसिला जारी रहा।

पृथ्वीराज बहादुर थे; वीर थे; साहसी थे; स्वाभिमानी थे और अतुलनीय योद्धा थे, पर बचपन में ही युवराज बना दिए गए। दिल्ली और अजमेर को राज्याभिषेक कराया गया। राजपाट का तजुर्बा पर्याप्त मात्रा में मिला नहीं। दाव-पेंच समझे नहीं, मर-मिटने को प्रस्तुत रहने वाले दोस्त थे। सरदार, सेनापति सैनिक थे किन्तु समय पर मार्गदर्शन करने वाला कोई नहीं मिला। इसी कारण इस गुणवान राजा का अंत हुआ।

तराइन के द्वितीय युद्ध में पृथ्वीराज पराजित हुए। परिणामस्वरूप भारत का इतिहास सैंकड़ों वर्षों के लिए बदल गया। बाहरी शक्तियाँ प्रबल हुई। अपना महान देश गुलामी की श्रृंखलाओं में जकड़ा रहा।

रघुवीरसिंह राजपूत

अनुक्रम

1. बचपन एवं शिक्षा

यह इतिहास है, बाहरवीं शताब्दी के उत्तरार्ध का। सम्राट हर्षवर्धन और उज्जैन के राजा विक्रमादित्य का तकरीबन पाँच सौ साल पहले स्वर्गवास हो चुका था। उनके राज्यों का संघीय स्वरूप उनके साथ ही नष्ट हो गया। अनेकानेक छोटे-छोटे राज्यों का उदय हुआ। उनके शासक आपस में लड़ने-झगड़ने लगे। अभिमान में अंधे होकर स्वयं को सम्राट समझने लगे। दूसरों से अपने आपको श्रेष्ठ मानकर अकड़ते रहे। उसके इस घमंडी स्वभाव की विशेषता के कारण ही बाहरी शक्तियों को अपने देश में हाथ-पैर फैलाने का अवसर मिला।

दिल्ली अक्सर राज्यकर्ताओं के आकर्षण का केंद्र रही है। उस जमाने में भी हर एक नृप चाहता था कि दिल्ली पर उसका कब्जा हो। उसके लिए बार-बार युद्ध हुए। इतिहास में केवल एक ही ऐसा वीर शिरोमणि हो गया जिसको प्रारंभ में राज्याभिषेक के लिए न तो किसी का खून बहाना पड़ा, न कोई लड़ाई लड़नी पड़ी। यह अलग बात थी कि भविष्य में उसको अंत तक कई युद्धों का सामना करना पड़ा। वह किस्तमवाला था-**पृथ्वीराज चौहान!** अजमेर नरेश सोमेश्वर का पुत्र।

चौहान वंश के आद्यपुरुष अजयपाल ने अंजमेर का निर्माण किया। किंवदन्ती है कि पाण्डवों के गुरु द्रोणाचार्य का पूर्वकाल में इस स्थान पर टूटे-फूटे किले में वास्तव्य था। महाभारत के युद्ध में वे स्वर्ग सिधारे। तत्पश्चात किले की देखभाल करने वाला कोई नहीं रहा। पत्तझड़ होकर किला वीरान हो गया।

अजयपाल ने किले की मरम्मत करवाई। वहाँ पर एक सुन्दर शहर बसाया। वही है अजमेर। दूसरी एक लोकोक्ति यह भी कहती है कि राजपूत चौहान नरेश अजयपाल ने अपनीं महारानी बीठली देवी के नाम पर इस नगर का नाम 'गढ़ बीठली' रखा। अरसे बाद अजमेर का किला गढ़ बीठली नाम से ही विख्यात हुआ।

12वीं सदी में अजमेर पर सूरजवंशी चौहान गोत्रीय राजपूत सोमेश्वर गद्दी संभाले हुए थे। वे केवल शूरवीर ही नहीं थे, बल्कि अत्यधिक धर्मपरायण और प्रजाहित दक्ष भी थे। पास-पड़ोस के क्षेत्र में उनके शौर्य की कीर्ति गाथा गायी जाती थी।

इस समय दिल्ली के सिंहासन पर तोमर राजा महाराज अनंगपाल विराजमान थे। उनको पुत्र नहीं था। उनकी आयु ढह रही थी। उनके दो पुत्रियाँ थीं। छोटी पुत्री कर्पूरी देवी अत्यधिक सौंदर्यवती थी। उसके साथ विवाह होने पर महाराज अनंगपाल के बाद देहली के राजसिंहासन का खुदबखुद उत्तराधिकार अपने को मिल सकेगा, यही उम्मीद कभी राजा अपने मन में लिए बैठे थे। वे सुनियोजित मौके की ताक में थे।

उन्हीं में एक था, कमधज्ज राय। उसकी कन्नौज नरेश विजयपाल के साथ मित्रता थी। कन्नौज का राज्य शुरू से ही एक शक्तिशालो और प्रबल रियासत थी। उसकी सैनिक स्थिति भी अन्य राज्यों की अपेक्षा बेहतर थी। यही वजह थी कि और राजा राठौड़ों से मैत्री संबंध प्रस्थापित करने को प्रयत्नशील रहते थे। कन्नौज को भी अपने बल का घमंड था।

अजमेर नरेश एक सुस्वभावी राजा थे। वे नहीं चाहते थे कि किसी के भी साथ दुश्मनी हो। फिर भी गुजरात का राजा भीमदेव चालुक्य सोलंकी खण्डणी के खातिर उनको अक्सर सताया करता था। वह हर समय अपनी माँग बढ़ाता जाता था। उसको माँगें पूरी करते रहने पर अपने ही राज्य की रियाया को आवश्यक सुख-सुविधाएँ प्रदान करने में कठिनाई का सामना करना पड़ेगा, यह चिंता सोमेश्वर के मन को कुरेद रही थी।

अचानक दिल्ली से महाराज अनंगपाल का दूत खत लेकर अजमेर दरबार में दाखिल हुआ। सोमेश्वर ने महामंत्री कदम्बवास को खत पढ़कर सुनाने का आदेश दिया। महाराजा तोमर ने लिखा था कि कन्नौज नरेश विजयपाल के साथ कमधज्ज राय सेनासहित दिल्ली पर आक्रमण करने चल पड़े हैं। दिल्ली की सुरक्षा के लिए अजमेर की मदद की सख्त जरूरत है। मदद न मिली तो उपरोक्त दोनों की सेनाओं द्वारा दिल्ली के तोमर वंश का विनाश निश्चित है।

दूत के विश्राम की व्यवस्था की गयी। उसके बाद दरबार बैठा। दिल्ली के खत पर भविष्यकालीन परिणामों के बारे में साधक-वाधक विचार-विमर्श हुआ।

दिल्ली को मदद का सीधा अर्थ था, राठौडों से बैर! फिर भी अंत में, दिल्ली को तुरन्त मदद भेजने में सभी का एकमत हुआ। सिपहसालार काका कान्ह चौहान को सेनासहित कूच करने का आदेश मिला। वीर लड़ाकू सामन्तों के साथ सोमेश्वर भी इसी अभियान पर चल पड़े।

महाराज अनंगपाल अजमेर की मदद की प्रतीक्षा ही कर रहे थे। उन्हें अकेले राठौड़ सेना से लड़कर विजय पाना कठिन लगता था। फिर भी अपना लश्कर यमुना पर ले जाकर उन्होंने मोर्चा बांधा।

अजमेर की सेना आ पहुँची। युद्ध छिड़ गया। स्वयं राजा युद्ध क्षेत्र में साथ रहने के कारण सोमेश्वर की सेना पूरे जोर-शोर से लड़ी। कन्नौज की सेना के पैर उखड़ गये। वह भाग खड़ी हुई।

दिल्ली और अजमेर की सेना विजयी हुई।

सोमेश्वर को साथ लेकर अनंगपाल राजधानी में लौट आये। अजमेर नरेश के शौर्य की कीर्ति में चार-चांद लग गए। महाराज अनंगपाल ने बड़े ही ठाट-बाट से अपनी छोटी बेटी कर्पूरी देवी सोमेश्वर से ब्याह दी।

सोमेश्वर नव परिणिता पत्नी को लेकर अजमेर वापिस आ पहुँचे। दिल्ली पति ने दहेज में बहुत सारे दास-दासियाँ, हाथी, घोड़े, रत्न और धन-दौलत दामाद को प्रदान की।

पति-पत्नी एक दूसरे को बहुत प्यार करते थे।

कुछ समय बाद मई 1166 की ज्येष्ठ शुक्ल द्वादशी को पटरानी कर्पूरी देवी की कोख से दिग्विजयी सूर्यवंशी पृथ्वीराज चौहान का जन्म हुआ। सोमेश्वर ने राजज्योतिषियों और विद्वत जनों से बच्चे के भविष्य के बारे में पूछताछ की। सभी ने कहा कि यह बालक बहुत ही शूरवीर होगा। वह अपने वंश का नाम रौशन करेगा। इसकी तुलना दुनिया के गिने-चुने वीर योद्धाओं में की जाएगी। यह दिल्ली, अजमेर और पंजाब पर राज करेगा। सिंहासन का गौरव बढ़ाएगा, कलयुग में सूरज की भाँति दमकता रहेगा।

अजमेर और दिल्ली दोनों ही राज्यों में बालक का जन्मोत्सव बड़े उत्साह तथा धूमधाम के साथ मनाया गया। बड़े पैमाने पर दान-धर्म किया गया। गोशाला, मन्दिर और ब्राह्मणों को निधि उपलब्ध किया गया। बीठली किले के विशाल राजप्रासाद में जन्मे जिस राजपुत्र का जन्मोत्सव समारोह महीनों चलता रहा।

पृथ्वीराज का भाल प्रदेश जन्म से ही भव्य और ऊँचा था, मुखमण्डल एकदम तेजस्वी था। सर के बाल घुंघराले थे। जिसमें बाघ नख बँधा हो ऐसा मोतियों का कंठा गले में बहुत ही खूबसूरत लगता था। भाल प्रदेश पर लगा केसरी रंग का टीका उसके जन्मजात सौंदर्य की शोभा और भी बढ़ाता था। उसकी शुभ्र दंत पंक्ति हीरे की कनी की तरह चमकती थी। काजल लगी बड़ी-बड़ी चमकीली आँखें किसी का भी ध्यान उनकी ओर खींच लेतीं।

अगले बरस छोटे हरिराज का जन्म हुआ।

उसके बाद छोटी पृथा का।

पृथ्वीराज की बाल्यावस्था खत्म हुई। उसमें कुछ-कुछ समझदारी आ गई। सोमेश्वर ने राजगुरु रामदास को पृथ्वीराज की सर्वांगीण शिक्षा का भार सौंपा।

अत्यल्प समय में ही उसकी प्रतिभा की प्रसिद्धि हुई। संस्कृत, प्राकृत, अपभ्रंश, पेचाशी, मागधी और शौरसेनी ये छः भाषाएं उसने आत्मसात कीं। 14 विद्या एवं 64 कलाओं का ज्ञान भी उसने प्राप्त किया।

सोमेश्वर को दोहरी जिम्मेदारी का भार वहन करना पड़ रहा था। अजमेर तो उनका अपना ही राज्य था। महाराज अनंगपाल वृद्धत्व की ओर झुक रहे थे। बेटा न होने के कारण उनके कई अंतर्गत दुश्मन भी थे। इसीलिए तोमर राज्य की देखभाल का जिम्मा सोमेश्वर को उठाना ही पड़ा। वे चाहते थे कि पृथ्वीराज सभी बातें ग्रहण करें और उनकी जिम्मेदारियों का बोझ कुछ हल्का करें। उसको अस्त्र-शस्त्र विद्या सिखलाने की भी उन्होंने पर्याप्त व्यवस्था करवाई।

छोटी-सी आयु में ही युद्ध विषयक घुड़सवारी, हाथी को बस में करना, धनुर्विद्या, तलवार चलाना, दौड़ते घोड़े से भाला फेंककर निशाना साधना, ढाल के सहारे खुद की रक्षा करना, शब्दबेधी तीर मारना, आखेट को जाना, वहाँ तीर-कमान से बाघ को मारना, बाघ और सुअर के पीछे घोड़े को दौड़ाकर तीर, भाला, कटार से उनकी, हिरणों का शिकार करना, इन विद्याओं में पृथ्वीराज पूरी तरह अभ्यस्त हो गए।

हमउम्र बच्चों को इकट्ठा करके पृथ्वीराज भाँति-भाँति के खेल खेलते। स्वयं राजा का पात्र करते। कभी-कभार साथी बच्चों की दो टोलियाँ बनाकर झूठमूट की लड़ाई लड़ते। युद्ध के खेल में उनको विशेष रुचि थी। उनके शरीर में प्रचंड शक्ति थी। तलवारबाजी में तो उनका-सा सानी कोई नहीं था।

एक दिन की बात है, रात में पृथ्वीराज ने विचित्र सपना देखा। सपने में जुग्गारी देवी ने दर्शन दिया। उन्होंने बहुत ही कीमती व भारी कपड़े पहन रखे थे। देवी ने पृथ्वीराज को गोद में उठाकर, उनका दिल्ली के राजसिंहासन पर राज्याभिषेक करवाया।

पृथ्वीराज सुबह उठे। उन्होंने माता कर्पूरी देवी को रात में देखा सपना कह सुनाया। कर्पूरी देवी ने तुरन्त महाराज सोमेश्वर और राजज्योतिषी को बुलवा लिया। उनको पृथ्वीराज के सपने के बारे में बताकर सपने का अर्थ पूछा। जिस पर ज्योतिषी ने भविष्यवाणी की कि यह सपना निश्चित ही सत्य होगा और पृथ्वीराज निश्चय ही दिल्ली के राजा बनेंगे।

2. शहाबुद्दीन मुहम्मद गौरी

इस समय अफगानिस्तान परिसर में एक अलग ही नाटक हो रहा था। गजनी और हीरास के बीचोंबीच पहाड़ी क्षेत्र में घोर नाम का भू-भाग है। वहाँ का सुल्तान पैगंबरवासी हुआ। कानूनन उसका बेटा मेहरुद्दीन राजगद्दी का असली हकदार था। पर उसके दुराचारी सौतेले भाई गयासुद्दीन मुहम्मद गौरी, ये भी मरहूम सुल्तान के तख्त पर दृष्टि गाड़े बैठे थे। कालांतर से उनकी इच्छा पूरी हुई। जिससे उनका समाधान नहीं हुआ।

गयासुद्दीन ने अपनी ही कौम के गजनी के सुल्तान पर हमला किया। सुल्तान को गजनी से मार भगाया। गयासुद्दीन दोनों जगहों-गजनी और घोर का सुल्तान बन बैठा। छोटा भाई शहाबुद्दीन मुहम्मद शामियाने में चाचा फझुद्दीन मसूद के पास नौकरी करता था। उस पर तरस खाकर गयासुद्दीन ने उसको गजनी बुला लिया। 1173 में शहाबुद्दीन को गजनी का सुल्तान बनाकर गयासुद्दीन घोर की राजधानी कोह को चला गया।

इस तरह शहाबुद्दीन गौरी का इतिहास के पन्नों पर नया उत्थान हुआ। भविष्य में उसी के कारण एक जबरदस्त इतिहास का निर्माण हुआ।

शहाबुद्दीन बहुत ही महत्वाकांक्षी था।

1174 में मुलतान पर आक्रमण करके उसको अपनी चपेट में ले लिया। इसके बाद वहीं से इच्छा के भारी राज्य को कब्जे में करने के लिए आक्रमण आरंभ किया।

वह एक नंबर का झूठा, जुआड़ू और धोखेबाज था। विक्रमपुर, फलोदी, ओसिया, रखीचुन्द होता हुआ वह भाटियों के जैसलमेर इलाके में घुस पड़ा। राह चलते लूट-पाट, अत्याचार मंदिरों का विध्वंस इनका सिलसिला बराबर चलता रहा। शहाबुद्दीन के सेनापतियों में एक सेनापति था मजेज खान। भाटियों की राजधानी लोद्रोबा पर आक्रमण करने का शहाबुद्दीन ने उसको हुक्म दिया। वहाँ के राजपूत राजा भोजदेव ने यवन सेना का जमकर मुकाबला किया। यश मिलने की कोई उम्मीद दिखाई न दी।

इस हालत में राजपूत राजा अक्सर जो किया करते थे, वही भोजदेव ने भी किया। राजधानी की समूची क्षत्राणियों को उसने 'जौहर' का आदेश दे डाला। राजपूत वीरों ने 'केसरिया' धारण किया। प्राणों की आशा छोड़ मधुमक्खियों की तरह वे दिलों जान से शत्रु सेना पर टूट पड़े और अमरत्व को प्राप्त हुए।

गौरी की विजयी सेना नगर में प्रविष्ट हुई। उसने मनमानी लूटमार की। भयानक अत्याचार किए। यवन सेना हमेशा इन दो बातों के लिए ही लड़ाई में उतरना पसंद करती थी। नगर का जितना संभव था, उतना विनाश करने में यवन सेना ने कोई कसर बाकी न रखी।

लूट का माल लेकर गौरी खुशी-खुशी लौट चला। वह बिल्कुल बेफिक्र था। रात में उसने एक जगह पड़ाव डाला। भोजदेव के भाई का लड़का जैसलदेव तूफान की तरह आकर धमका और पड़ाव डालकर निश्चिंत-सी रही गौरी की सेना पर बिजली की गति से टूट पड़ा। उसने सेनापति मजेज खान को मार डाला। गौरी की सेना तितर-बितर हो गयी। उन्होंने लूटी हुई धन-दौलत पूरी की पूरी कब्जे में ले ली। शहाबुद्दीन भागकर जान बचाने में सफल रहा।

जिसके बाद जैसलदेव ने किसी पहाड़ी पर एक नगर बसाया। उसका नाम रखा जैसेलमेर। वहीं पर एक मजबूत दुर्ग का भी निर्माण किया।

शहाबुद्दीन मुहम्मद गौरी ने हिन्दुस्तान पर आक्रमणों की शुरुआत तब की जब यहाँ की राजकीय परिस्थिति समझ लेना जरूरी था।

1027 में महमूद गजनी ने भारत पर आखिरी हमला किया। शहाबुद्दीन 1175 में चलकर आया, इस बीच 148 वर्ष निकल गए। इतने कार्यकाल में भारतीय राज्यकर्ताओं ने कुछ बोध लिया हो ऐसा नहीं कहा जाता। उस समय भी भारत टुकड़ों में विभाजित था। कुछ राजपूत नरेश सामर्थ्यशाली और सम्मानित थे अवश्य। उनमें भी सत्तासंघर्ष और परंपरागत दुश्मनी के कारण आपस में हमेशा युद्ध हुआ करते थे। वे समझ नहीं पा रहे थे कि इससे इनकी शक्ति क्षीण होती जा रही है। नतीजा यह हुआ कि वे पूरी तरह एक होकर बाहरी आक्रमणों का जमकर मुकाबला नहीं कर सके।

मुहम्मद गौरी के आक्रमण के समय भारत की उत्तर-पश्चिम सरहद पर सिंध, मुलतान और पंजाब के कुछ हिस्से पर पहले ही मुस्लिम रियासतें प्रस्थापित हो चुकी थीं। सिंध में शुभ्र जाति के मुसलमानों का राज्य था। वेश्या पंथी थे। मुलतान में करमाथीन नाम की मुस्लिम जाति की सत्ता थी। पंजाब में गजनवी वंश के मुसलमानों का राज था। उनकी राजधानी लाहौर में थी।

उपरोक्त तीन इलाकों को छोड़कर शेष उत्तरी भारत में सब दूर-विभिन्न राजपूत राजाओं की छोटी-बड़ी रियासतें थीं। काठेबाड सहित गुजरात पर चालुक्य वंशीय राजपूत घराने की अधिसत्ता थी। उनकी राजधानी थी-पाट। राजा का नाम था मूलराज द्वितीय। दिल्ली पर महाराज अनंगपाल का शासन था। कन्नौज को महाराज जयचंद राठौड़ तख्तनशीन थे। अजमेर सूरजवंशी राजपूत राज सोमेश्वर के कब्जे में था।

कन्नौज का राज्य उत्तरी हिंदुस्तान में सबसे बड़ा और प्रभावशाली राज्य था। महाराज विजयपाल के बाद 1177 में उनके उत्तराधिकारी पुत्र जयचंद राठौड़ वहाँ के राजा बने। उनका और अजमेर का अखंड बैर रहा।

बुन्देलखंड जिसकी राजधानी गढ़ महोबा थी, का चंदेल राजपूत राजा था परमोर्दिन या परमाल देव। उसको अपने राजपूत वीर योद्धा आल्हा और उदय पर बहुत नाज था। वे दोनों सगे भाई थे। रुश्मचुरी को चेदी वंश राजपूत राजा का राज था। बंगाल में पाल और सेन वंशीय राजा राज करते थे।

पृथ्वीराज आठ बरस के थे। तब नाना अनंगपाल से मिलने दिल्ली गए। मण्डोवा नरेश नाहर राय भी इन्हीं दिनों राजमहल में ठहरे हुए थे। उन्होंने बालक पृथ्वीराज को देखा। उनके बारे में महाराज अनंगपाल से पूछताछ की, अपने गले का मोतियों का कंठा-माला उतारकर पृथ्वीराज के गले में पहना दी। इसके साथ ही वे प्रतिज्ञा कर बैठे कि उनकी पुत्री जम्भावती का विवाह वे केवल पृथ्वीराज के साथ ही कराएंगे।

नाहर राय मण्डोवर चले गये। पृथ्वीराज अजमेर पहुंचे।

पृथ्वीराज दस बरस के हुए। उम्र की तुलना में वे बहुत ही तन्दुरूस्त लगते थे। उनकी बौद्धिक उड़ान गजब की थी। वह अति तीव्र थी। सोमेश्वर चाहते थे कि कुछ जिम्मेदारियाँ पृथ्वीराज स्वयं संभालें। उन्होंने दरबार के तजुर्बेकार और अधेड़ उम्र के सामंतों से विचार-विमर्श किया। सबकी सम्मति से पृथ्वीराज को **'युवराज'** करार दिया गया।

पृथ्वीराज को राजकाज, नीति-रीति, व्यवहार इनका ज्ञान प्राप्त हो यही इसके पीछे सोमेश्वर का आंतरिक उद्देश्य था। यह जिक्र था 1176 का। उनको प्रत्यक्ष कामकाज में शरीक किया जाने लगा। उनकी सलाह भी ली जाने लगी।

उनकी कीर्ति फैलने लगी।

यवन व्यापारियों के मन में पृथ्वीराज के नाम से खलबली मच गयी। भविष्य में उनका धोरण कैसा रहेगा, यह जान लेने के लिए उन लोगों ने फकीरों के भेस में कुछ गुप्तचरों को अजमेर भेज दिया। उनमें रोशन अली नाम का एक गुप्तचर था। वह नगरवासियों को चमत्कार दिखलाकर खुफिया राज की बातें जान लेता।

पृथ्वीराज को इसका पता चला। उन्होंने सामन्त चामुण्डराय को भेजकर रोशन अली को समझाने की कोशिश की। उसने एक न सुनी। विपरीत इसके रोशन अली ने दही बेचने वाली ग्वालिनों से छेड़-छाड़ की। पृथ्वीराज को जब इसका पता चला तो उन्होंने आदेश दिया,

"उसको अपने किए की सजा मिलनी ही चाहिए। उसकी उंगली काट लो और अजमेर के बाहर खदेड़ दो।"

रोशन अली भाग खड़ा हुआ। वह यवन सरदार अरब के मीर के पास गया उसने मीर को अजमेर पर आक्रमण करने के लिए उकसाया।

मीर ने घोड़ों के व्यापारी का स्वांग रचाया। वह अजमेर पहुँचा। उसने नगर के बाहर अपना डेरा लगाया। पृथ्वीराज को इसकी खबर मिली। उन्होंने अपने

राजपाट में होशियार मंत्री कैमासा को घोड़े खरीद लाने को भेजा। उन्होंने एक चपल घोड़ा खरीदा। उसको जैसे ही घुड़-तबेले में बांधा उसी क्षण अजमेर में भयंकर भूचाल आया। चहुँ ओर भाग-दौड़ और खलबली मच गई इससे लाभ उठाकर मीर ने शहर में लूटपाट शुरू कर दी। पृथ्वीराज ने उसको द्वंद्व युद्ध के लिए ललकारा।

पृथ्वीराज की ओर से चामुण्डराय अखाड़े में उतरे। मीर की तरफ से युसूफ बेग मुकाबले के लिये तैयार हुआ। युद्ध, मल्ल युद्ध, द्वंद्व युद्ध, कुश्ती आदि में चामुण्डराय बहुत ही विख्यात थे। उन्होंने युसूफ बेग को मौत की नींद सुला दिया।

मीर गोया पागल हो गया। बेग की मौत से वह अपने होशो-हवास खो बैठा। उसने अपने सहयोगियों को अजमेर के निरपराध लोगों की कत्ल करने का आदेश दिया। पृथ्वीराज ने भी अपने सेनापतियों को यवनों को मारने को हुक्म दिया। भयंकर खून खराबा हुआ। शेष यवन अपनी जान बचाने के लिए भाग खड़े हुए।

एक दिन पृथ्वीराज को अपना पुराना सपना याद आया। उन्होंने माता कर्पूरी देवी से पूछा,

"दिल्ली का सिंहासन क्या महत्त्व रखता है,"

इस पर कर्पूरी देवी ने जवाब दिया,

हमारे पिताजी यानी तुम्हारे नानाजी के युवावस्था के दिनों की बात है। महाराज ने उनके कुलपुरोहित व्यास महोदय को बुलाकर कहा कि वे किले का निर्माण करना चाहते हैं इसलिए कोई शुभ मुहूर्त निकाल दें। व्यास महाशय बहुत ही विद्वान थे। उन्होंने न केवल मुहूर्त ही निकाल दिया, बल्कि किले का शिलान्यास भी करा दिया। उन्होंने महाराज को सख्त सूचना दी कि यहाँ एक चाभी गाड़ दी गई है। उसकी निचली नोक शेषनाग के सर में घुसी हुई है। जब तक उसको बाहर निकाला नहीं जाएगा तब तक दिल्ली पर तोमर राज रहेगा।

व्यासजी की बात महाराज को अनहोनी और विभिन्न-सी लगी। उनको विश्वास ही नहीं हुआ। पुरोहित जी के चले जाने के पश्चात् उन्होंने वह चाभी निकाली। उनके आश्चर्य का ठिकाना न रहा जब उन्होंने देखा कि वहाँ से खून का फव्वारा ऊपर बह निकला। वे घबरा गये। तुरन्त राजपुरोहित को फिर से बुलाया गया। उन्होंने वहाँ पहुँचकर सब देखा और कह डाला कि होनी को कोई टाल नहीं सकता। जो होना है वह होकर ही रहेगा।

दिल्ली का यह राज्य महाराज अनंगपाल के तोमर वंश के बाद चौहान राजपूतों को होगा। चौहानों के उपरान्त तुर्कों का होगा। बाद में मेवाड़ के राजपूत राजा इस पर राज करेंगे।

3. राज्याभिषेक

महाराज अनंगपाल ने सोमेश्वर, कर्पूरी देवी और पृथ्वीराज को अजमेर से दिल्ली बुला लिया। उन्होंने अपना दरबार बुलाया और ऐलान किया कि वे पृथ्वीराज को अपना उत्तराधिकारी नियुक्त करके दिल्ली का राज्य उनको सौंपते हैं।

अजमेर से आए पृथ्वीराज का दिल्ली में बड़ी धूमधाम से स्वागत किया गया। पूरे नगर को नव वधू की तरह सजाया गया। शहर के लोगों का उल्लास और उत्साह नदी में आई बाढ़ की तरह उमड़ रहा था। तिथि थी मार्गशीर्ष शुक्ल पंचमी, गुरुवार! होम-हवन और विद्वान ब्राह्मणों के पवित्र मंत्रोच्चारण के साथ पृथ्वीराज का दिल्ली के राजसिंहासन पर राज्याभिषेक समारोह संपन्न हुआ।

पीछे पृथ्वीराज ने ऐसा सपना अवश्य देखा था। फिर भी सोमेश्वर तथा कर्पूरी देवी ने भूलकर यह उम्मीद नहीं की थी क्योंकि उस सिंहासन को हथियाने के लिए गिद्द की तरह और लोग भी घात लगाए बैठे थे।

कुछ रोज दिल्ली में ठहर कर चौहान परिवार अपनी राजधानी अजमेर को लौट आया।

पृथ्वीराज आठ बरस के थे, तब मण्डोवर नरेश नोहर राय ने उनकी कन्या जम्भावती को पृथ्वीराज से ब्याहने की प्रतिज्ञा की थी। मालूम नहीं, किस वजह से उनको अपनी की हुई प्रतिज्ञा का विस्मरण हुआ। वे अपनी पुत्री के लिए दूसरा कोई वर ढूंढ़ने लगे।

सोमेश्वर को अब इसका पता चला तो उन्होंने दूत द्वारा खत भेजकर नाहर राय को प्रतिज्ञा याद दिलाने की कोशिश की। नाहर राय मुकर गया। सोमेश्वर और उनकी मंत्री परिषद क्रोध से आग बबूला हो गए। उन्होंने पृथ्वीराज को ही मण्डोवर पर आक्रमण करने का आदेश दिया। उन्होंने इसपर तुरन्त अमल किया।

नाहर राय भी युद्ध के लिये तैयार ही थे। सर्वप्रथम उन्होंने मिनाओं के सरदार पर्वत राय को युद्ध क्षेत्र में लड़ने के लिए भेजा। पृथ्वीराज ने सेनापति काका कान्ह को आगे बढ़ाया। उन्होंने पर्वत राय को मार डाला। यह देखकर नाहर राय स्वयं युद्ध भूमि पर दाखिल हुए। उन्होंने कान्ह पर हमला करना चाहा। पृथ्वीराज कान्ह की मदद को दौड़ पड़े। उन्होंने नाहर राय के घोड़े को मार गिराया। नाहर राय भी भूमि पर गिरकर गिड़गिड़ाने लगे।

अब उनका भाई कनक राय युद्ध करने आ धमका। पृथ्वीराज ने उसके घोड़े को भी मार डाला। नाहर राय भाग निकले। वे गिरनार नामक गाँव में जाकर छुप गए। पृथ्वीराज विजयी हुए।

नाहर राय के सामन्तों को जब असलीयत का पता चला, तब उन्होंने उनको समझाया। वे अपनी पुत्री का विवाह पृथ्वीराज से करने को सहमत हुए।

पृथ्वीराज और जम्भावती का विवाह हो गया।

इससे पहले भी कहा गया है कि महाराज सोमेश्वर बहुत ही धर्मात्मा, प्रजा के रक्षक, दुश्मन को दाँतों तले दबाने पर मजबूर करने वाले थे। अपने सेवकों के हित की हिफ़ाजत करने को तत्पर रहने वाले राजा थे। उनकी सेना भी हमेशा उनका साथ देने और उनके लिए स्वयं के प्राणों की आहुति चढ़ाने को तत्पर रहती थी।

अजमेर को लगान देने वाले राज्यों में एक राज्य था, मेवात। जैसा कि वहाँ के राजा मुग्दल ने कई दिनों से लगान नहीं दिया था। सोमेश्वर ने लगान वसूल करने के लिए दूत भेजा। मुग्दल ने लगान की राशि तो दी नहीं उल्टे उसी दूत के साथ कहलवा भेजा कि सोमेश्वर को लगान चाहिए तो वे यहाँ आकर जंग लड़कर ले जाए।

हालांकि सोमेश्वर जंग नहीं चाहते थे। परन्तु एक छोटी-सी रियासत! वहाँ का मामूली-सा राजा, युद्ध की चुनौती देता है। वह भी सोमेश्वर जैसे बहादुर राजा को! उसकी इतनी हिम्मत? सोमेश्वर ने अजमेर की रक्षा का भार पुत्र पृथ्वीराज पर सौंपा था। इसके बाद उन्होंने मेवात पर चढ़ाई कर दी। प्रत्यक्ष युद्ध आरंभ होने से पहले अंतिम बार दूत के साथ संदेश भेजा कि अभी भी वक्त है। समय गुजरा नहीं।

इस पर उस घमंडी राजा ने फिर से संदेश भेजा कि हिम्मत है तो दोनों बाप-बेटे साथ-साथ लड़ने के लिए जंग के मैदान में मुझसे सामना करने आ पहुँचे।

मुग्दल की बेमुर्व्वतखोर बातें सुनकर सोमेश्वर ने उसके बारे में दूत द्वारा पृथ्वीराज को खत लिखा। मुग्दल की चुनौती पढ़कर पृथ्वीराज क्रोधित हुए। खासकर मुग्दल ने सोमेश्वर को अपमानित करने की जो धृष्टता की थी उसको सह पाना उनके लिए मुश्किल हो गया।

उन्होंने सेनासहित मेवात की ओर प्रस्थान किया। वे पिताजी के पड़ाव पर पहुँचे। सोमेश्वर खेमे में सो रहे थे। उनको वैसे ही सोते छोड़कर पृथ्वीराज ने मेवात पर सीधा हमला किया। अचानक हुए इस आक्रमण से मुग्दल को सँवरने

का भी मौका नहीं मिला। वह पराजित हुआ। उसको बन्दी बनाकर सोमेश्वर के सामने लाया गया। उनकी आज्ञा से उसको बालकोठरी में डाल दिया।

धीरे-धीरे पृथ्वीराज का प्रभाव बढ़ने लगा।

महाराज अनंगपाल को भले ही पुत्र न हो, उनके भाई विग्रहराज और वसुंधरा राणी का इकलौता पुत्र था, नागार्जुन! वे सब मन ही मन आस लगाए बैठे थे कि महाराज के बाद दिल्ली का सिंहासन नागार्जुन के ही अधिकार में होगा। अन्य रिश्तेदार भी कुछ यही उम्मीद रखते थे।

अचानक पृथ्वीराज का राज्याभिषेक हो जाने से महाराज का भतीजा नागार्जुन, उसकी माताजी वसुंधरा राणी, कन्नौज नरेश जयचंद राठौड़, गुजरात के राजा भीमदेव अकबर के भदानक इन स्वदेशियों के अलावा मुहम्मद गौरी तक जल-भुनकर खाक हुआ।

मुहम्मद गौरी को हिन्दुस्तान में हो रही घटनाओं की खबरें झटपट कैसे पहुँच जाती थी?

उसके अपने गुप्तचर तो थे ही।

देशद्रोही माधव भाट और धर्मायन कायस्थ शहाबुद्दीन।

मुहम्मद गौरी के भारतीय जासूस थे। वे एक दूसरे के गहरे दोस्त थे। धर्मायन कायस्थ दिल्ली अदालत के कामकाज का पेशकार था। माधव भाट दिल्ली में ही रहता था। वह धर्मायन के जरिए गौरी के लिए जासूसी करता था।

माधव भाट संस्कृत और फारसी भाषा से बहुत ही अच्छी तरह से अवगत था। धर्मायन से दिल्ली के खुफिया राज प्राप्त करके वह गौरी को पहुँचाता था। पृथ्वीराज का दिल्ली में राज्याभिषेक होते ही माधव दौड़ा-दौड़ा गजनी में दाखिल हुआ। उसने गौरी को खबर दी। सुनकर गौरी तिलमिला उठा।

गौरी ने सिपहसालार तालारखान, खुरासान खान, नरसत खान, सुलतान खान, मारूत खान आदि अमीर-उमराओं को बुलाकर यह खबर सुनवाई। उसने अपने सामन्तों से यह भी कहा कि छोटी-सी आयु में ही रायपिथोरा-पृथ्वीराज का यह बढ़ता हुआ महत्त्व उसकी आँखों में काँटे की तरह चुभ रहा है। इस पर खुरासान खान ने मत व्यक्त किया कि हिन्दुस्तान के लोग भरोसेमंद नहीं होते। इसलिए अपने किसी विशवसनीय जासूस को भेजकर असलियत का पता लगाना चाहिए।

गौरी को मंत्री खुरासान खान की सलाह ठीक लगी। उसने जासूस मुहम्मद खान को सूफी फकीर के भेस में दिल्ली को धर्मायन की तरफ भेजा। धर्मायन ने उसी के साथ खत दिया कि गत तीन माह से पृथ्वीराज दिल्ली में ही हैं। उनके साथ अजमेर के महामंत्री कदम्बवास, सेनापति चामुण्डराय, लोहाना अजानबाहु और काका कान्ह चौहान भी हैं।

खत पढ़कर असल में गौरी भीतर ही भीतर तो घबरा गया, फिर भी बड़ी सेना साथ में लेकर उसने दिल्ली पर आक्रमण कर ही दिया।

गुप्तचर और संदेश वहन करने वालों की तरफ से पृथ्वीराज को गौरी के आक्रमण की खबर मिली। उन्होंने प्रधानमंत्री कदम्बवास और सेनापति कान्ह के साथ सलाह-मशविरा किया। तय हुआ कि गौरी को रास्ते में ही रोका जाए। उसको दिल्ली तक आने ही न दिया जाए।

बैशाख शुद्ध 10, बुधवार को सेना ने दिल्ली से प्रस्थान किया। पानीपत के मैदान पर पहुँचकर पृथ्वीराज ने अपनी सेना का डेरा डाला। उन्होंने सेना की मयूर व्यूह की रचना की। जिसमें निड्डुर राय और कैमासा एक ओर, अप्ताई और बलिभद्र दूसरी तरफ, स्वयं पृथ्वीराज बीचोंबीच, पूँछ के स्थान पर पज्जून राय कछवाहा, चण्डपुण्डीर, मुँह की जगह मोहनसिंह परिहार इस तरह की व्यवस्था की गई।

कैमासा, भोंहा, चंदेल और चामुण्डराय पृथ्वीराज की रक्षा के हेतु सामने रहे।

उधर गौरी ने भी अपनी सेना का अर्धचन्द्राकृति व्यूह बनाया। उसमें वह मध्य में रहा। सेनापति तातार खान, खुरासान खान और फिरोज़ खान उसकी रक्षा में जुट गए।

दोनों सेनाएं एक दूसरे से भिड़ गईं। खुरासान खान ने सीधे पृथ्वीराज को लक्ष्य बनाने की कोशिश की। काका कान्ह आगे बढ़े। उन्होंने उसके बहुत से सैनिकों को मार डाला। खुरासान खान को पीछे हटना पड़ा।

अब सिपहसालार तातार खान को साथ लिए गौरी आगे आया। कान्ह ने तातार खान को भी हरा दिया। उसकी सेना युद्ध क्षेत्र से भाग चली। पृथ्वीराज ने जैतसी परमार को भागती हुई यवन सेना का पीछा करने का आदेश दिया।

जिस हड़बड़ी में चामुण्डराय ने गौरी को कैद कर लिया।

तीन महीनों तक गौरी पृथ्वीराज की कैद में था। उससे दंड स्वरूप बड़े पैमाने पर धन-दौलत लेकर उसको जिन्दा छोड़ दिया गया।

यह महाराज पृथ्वीराज चौहान की पहली और बहुत भारी भूल थी।

शहाबुद्दीन मुहम्मद गौरी के भगोड़े सैनिकों के घोड़ों की टाँगों से उड़ रही धूल पूरी बैठी भी नहीं थी कि गुप्तचरों ने खबर दी, नागार्जुन ने बगावत कर दी थी। उसने गुडापूर के किले पर अधिकार जमा लिया था। वहाँ कई सैनिक इकट्ठा होकर नागार्जुन के नाम की जय-जयकार कर रहे थे।

पृथ्वीराज के राज्याभिषेक समारोह में केवल मजबूरन सहभाग लेने वाला नागार्जुन तुरन्त कन्नौज को जयचंद राठौड़ से मिलने गया था। जासूसों की ओर

से पृथ्वीराज को यह बात ज्ञात थी। परन्तु वह बगावत करने पर आमादा होगा यह उन्होंने कभी नहीं सोचा था। नागार्जुन इतना ढ़ाढ़स शायद न भी करता, किन्तु जयचंद ने मौके का लाभ उठाया। उसने नागार्जुन को पृथ्वीराज के खिलाफ बगावत करने के लिये उकसाया।

गुडापुर के किले पर अधिकार होते ही कुछ छोटे-छोटे राजपूत राजा नागार्जुन को आकर मिले। अब वह दिल्ली पर आक्रमण करके पृथ्वीराज को वहाँ से भगा देने का सपना देखने लगा। उसका सलाहकार था देवभट्ट।

जिस वक्त बगावत की खबर मिली उस वक्त पृथ्वीराज के दो प्रमुख सेनापति कामासा और भुवनीकमल बाहर गए हुए थे। उनको तुरन्त लौट आने को कहा गया। समय बर्बाद न हो इसलिए पृथ्वीराज ने गुडारपूर पर हमला करने की तैयारी की। वे दिल्ली से निकल पड़े। रास्ते में कामासा और भुवनीकमल आन मिले। पृथ्वीराज ने सेना का संचालन उन्हीं को सौंपा।

कामासा भी बहुत बहादुर अनुभवी और कुशल सेनापति थे।

सेना भेजने के लिए पृथ्वीराज ने अजमेर को भी लिखा था।

गुडापूर में पृथ्वीराज और नागार्जुन की सेना में लड़ाई शुरू हुई। दोनों पक्ष के सैनिक कुछ दिन पहले महाराज अनंगपाल के ही सैनिक कहलाते थे। कौन जीतेगा और कौन हारेगा। इसका अनुमान लगाना मुश्किल था।

इसी समय एन मौके पर अजमेर की सेना आ पहुँची। यह देखकर नागार्जुन की सेना की हिंसा जवाब दे गयी। अपने मालिक के साथ किले पर जमाया अस्थाई अधिकार त्यागकर भागने लगे। पृथ्वीराज की सेना ने उनका पीछा किया जिसमें नागार्जुन मारा गया।

खुद की दिल्ली के राजसिंहासन पर बैठने की अपेक्षा अधूरी रह जाने के कांरण जयचंद नागार्जुन जैसी चालें चल रहा था..

4. भीमदेव

जयचंद के षड्यंत्र मालूम होने पर पृथ्वीराज का क्रोधित होना स्वभाविक था। इसके बारे में वे अक्सर अपने मंत्रीगण और सामन्तों से चर्चा किया करते थे। उसको इसकी सजा मिलनी ही चाहिये यह विचार उनके मन में पक्का घर कर बैठा था।

उनकी उम्र और सोच इनका कोई मेल नहीं था।

उन्होंने गजब की बुद्धिमत्ता पाई थी। छोटी-सी उम्र में उनके विचार और कृषि किसी अनुभवी सयाने आदमी से कम नहीं थी। गढ़वाली कन्नौज के राठौड़ों से युद्ध होना वे एक अलग घटना समझते थे। इसलिए एक बार मंत्री-परिषद के सामने उन्होंने प्रस्ताव रखा कि कन्नौज और अजमेर की शत्रुता कभी न मिटने वाली समस्या है। तब क्यों न राठौड़ों से निर्णायक युद्ध किया जाए?

इस पर बुद्धिमान और तजुर्बेकार महामंत्री कदम्बवास ने अपना मत व्यक्त करते हुए कहा,

"महाराज! कन्नौज और दिल्ली में लड़ाई छिड़ गयी तो वह निश्चय ही दूसरा महाभारत का युद्ध होगा। महाराज जयचंद भी कमजोर नहीं। वे सामर्थ्यशाली हैं। उनके पास सेना, हाथी, घोड़े, सेनापति, सामन्तों की त्रुटि नहीं। यही हमारी भी अवस्था है। इस जंग का नतीजा कभी भी महाभारत के युद्ध के परिणामों से अलग नहीं निकलेगा।

राठौड़ और चौहान वंशों के साथ लाखों सैनिक खेत रहेंगे। दोनों वंशों की शक्ति का ह्रास होगा। देशभर में अराजकता फैलेगी। विघातक शक्तियाँ उभर आएंगी। बदमाश-गुंडे हालात का लाभ उठाएंगे।

यवनों को भारत में प्रस्थापित न होने देने का आपका संकल्प है। उसमें रुकावट पैदा होगी। वह संकल्प पूरा नहीं होगा। अधूरा रह जाएगा। शहाबुद्दीन मुहम्मद गौरी धीरे-धीरे पैर फैला रहा है। उसकी दृष्टि दिल्ली के सिंहासन पर जमी हुई है। यह युद्ध हुआ तो उसका अधिकतम लाभ उसी को मिलेगा। नुकसान होगा दोनों राजवंशों का और समस्त हिन्दु कौम का।

'कदम्बवास के तर्कों से समूचा दरबार सहमत हुआ। पृथ्वीराज के मन का क्षोभ ज्यों का त्यों उफनता रहा। फिर भी उन्होंने निर्णायक युद्ध का वह विचार

प्रलंबित रख दिया। उन्होंने मन ही मन में पक्का ठान लिया कि जब भी मौका मिलेगा, जयचंद को उसके किए की सजा अवश्य दी जाएगी।

दिल्ली में ऐसी उथल-पुथल हो रही थी, उसी समय गुजरात की राजधानी में राजा भीमदेव ने दरबार बुलाया। वह बहुत ही चिढ़ा हुआ था। अपने लोगों को सम्बोधित करते हुए उसने कहा,

"पृथ्वीराज चौहान सरीखे ग्यारह बरस के बच्चे का दिल्ली के सिंहासन पर राजतिलक कराके महाराज अनंगपाल को क्या मिला? उधर शहाबुद्दीन गौरी जैसा पातालयंत्री सुल्तान आक्रमण पर आक्रमण करके आगे ही आगे बढ़ा चला आ रहा है। इधर ग्यारह बरस के दूध पीते बच्चे का राज्याभिषेक समारोह मनाया जा रहा है। महाराज पृथ्वीराज को सबक सिखाने का समय अब आ गया है।"

सेनापति-मंत्री विष्णुचंद ने भीमदेव की बात में हाँ में हाँ मिलाई।

भीमदेव यह सोच रहा था तो उधर गौरी गुजरात पर हमला करने की योजना बना रहा था। गुजरात के गुप्तचरों ने खबर दी कि पृथ्वीराज इस वक्त राजधानी में नहीं है।

खबर बिलकुल पक्की थी।

प्रसंगराय खिच्ची, जामराव यादव, देवराज बागरी, भानराय भाटी, बलभद्र कैमास, काका कान्ह आदि सेनापति-सामन्तों पर दिल्ली की रक्षा का भार सौंपकर पृथ्वीराज उत्तर दिशा में आखेट के लिए गए हुए थे।

गुप्तचरों की खबर सुनकर भीमदेव को बड़ी खुशी हुई। उसको सुवर्ण संधि लगी।

अब भीमदेव अजमेर की कुरापत निकालने के लिए कोई न कोई बहाना ढूंढ़ने लगा।

वैसे भी भीमदेव बहुत बहादुर था। उस समय के सभी राजाओं में वह स्वयं को श्रेष्ठ समझता था। अन्य राजाओं ने अपने माण्डलियों की तरह रहकर अपना सम्मात्त करना चाहिए यही उसकी तमन्ना थी। वह चाहता था कि अन्य राजा उसको नियमित खण्डनी दे। वह जब बुलाएगा तब उसकी मदद के लिए उनकी सेनाएं भेंजें।

उसने महाराज सोमेश्वर से बहुत बड़े पैमाने पर खण्डणी की माँग की। वह जानता था कि सोमेश्वर इस की परिपूर्ति नहीं कर सकेंगे। उसकी यही अपेक्षा थी।

भीमदेव ने अजमेर पर चढ़ाई कर दी।

सोमेश्वर और कर्पूरी देवी इसी सोच में डूबे हुए थे कि कामासा कक्ष में प्रविष्ट हुए।

कामासा की आयु होगी कोई बीस-बाईस वर्ष। वे मंत्री तो थे ही, उनका शास्त्रास्त्र ज्ञान और युद्ध कला की आन ध्यान में रखकर सोमेश्वर ने उनको सेना का नियंत्रण भी दे रखा था। उनका कक्ष में प्रवेश असमय नहीं हो सकता था। महाराज ने उनको आने की वजह पूछी तो उन्होंने बताया,

"महाराज! गुप्तचरों ने खबर है कि भीमदेव की सेना राजधानी की ओर बढ़ी चली आ रही है। समय बहुत कम है।"

सोमेश्वर को अन्य समर्थकों की मदद लेने का भी अवकाश नहीं मिला। पृथ्वीराज़ के साथ कुछ सेनापति और सेना दिल्ली गयी हुई थी। महाराज ने कामासा को नयी सेना खड़ी करने का आदेश दिया। कुछ पास-पड़ोस वाले राजाओं को मदद के लिये खत लिखे गये।

दिल्ली के महाराज अनंगपाल को भी खत गया। उनसे सैनिक सहायता मांगी गयी। पृथ्वीराज को अलग से सूचित किया गया। भीमदेव की सैनिक शक्ति प्रचंड थी। सोमेश्वर जानते थे कि वे अकेले अधिक समय उसका मुकाबला नहीं कर सकेंगे। अजमेर में बची सेना के साथ भीमदेव का सामना करने का उन्होंने निश्चय किया।

भीमदेव के अजमेर पर आक्रमण की खबर दिल्ली को पहुँची। आखेट पर गये पृथ्वीराज को संदेश रखकर काका कान्ह आदि सेनासहित अजमेर की ओर चल दिये। कान्ह को सर्वसम्मति से सेना का सेनापति नियुक्त कर दिया गया।

आक्रमण से पहले ही भीमदेव और उसका सेनापति विष्णु चंद, इन्होंने यह खबरदानी ली थी कि महाराज सोमेश्वर को किसी की सहायता न मिलने पाए। वे तेज गति से चल पड़े दिन में आठ घंटे और रात में आठ घंटे, कुल मिलाकर सोलह घंटे के सफर से वे अजमेर की तरफ बढ़ने लगे।

सोमेश्वर भी अजमेर छोड़कर सामने आ गये। संदेश और खत लेकर निकले हुए दूत इष्ट स्थान पर पहुँचने से पहले ही जंग शुरू हो गयी। दोनों ओर के सैनिक एक दूसरे पर टूट पड़े।

सोमेश्वर लड़ाई लड़ रहे थे। आने वाली अपेक्षित मदद की प्रतीक्षा कर रहे थे। भीमदेव की सेना अफाट थी। पृथ्वीराज अजमेर से दूर! भीमदेव ने सोमेश्वर को बराबर कैंची में पकड़ा। इसलिए सोमेश्वर युद्ध लड़ना चाहते थे। ताकि कहीं से सहायता आ पहुँचे। वे स्वयं, महामंत्री कदम्बवास और सेनापति युद्ध क्षेत्र में प्राणों की बाजी लगाकर लड़ रहे थे।

उस निर्णायक घड़ी में सेनापति कान्ह सेना के साथ आ पहुँचे। उन्होंने वीररसपूर्ण ऐसा भाषण दिया कि सैनिकों के मन में जोश की लहर दौड़ने लगी।

भयानक युद्ध आरंभ हुआ। कान्ह तो जैसे भगवान शिव की तरह तांडव नृत्य करने लगे। वे एक साथ सौ-सौ सोलंकी सैनिकों पर भारी पड़ने लगे। भीमदेव के सैनिक मैदान छोड़कर भागने की सोचने लगे। तभी उसने प्रतिज्ञा की कि दुश्मन को जान से मारे बिना वह अन्न ग्रहण नहीं करेगा।

उसकी प्रतिज्ञा का सैनिकों पर बराबर असर हुआ।

गुजरात के सैनिक नये जोश से लड़ने लगे।

तत्कालीन युद्ध नियमों को तोड़ते हुए उसने आदेश दिया,

"सोमेश्वर को चारों ओर से घेर डालो, उस पर बाणों की बौछार करो। किसी भी हालत में आज वह उसके शिविर में जिन्दा लौटकर नहीं जाना चाहिए।"

भीमदेव का आदेश मिलते ही उसके हाथियों पर सवार पाँच हजार तीरंदाजों ने सोमेश्वर और उनकी रक्षा कर रहे पचास सैनिकों को चारों तरफ से घेर लिया। बरसती जलधाराओं की तरह बाण बरसने लगे।

वास्तविकता का ज्ञान होते ही सोमेश्वर ने जीवन का मोह त्याग दिया। अकेले उन्होंने भीमदेव के 300 सैनिकों को मार गिराया। परन्तु इतनी बड़ी भारी सेना का वे कब तक सामना कर पाते? सियारों के झुंड में वनराज अकेले फँस गए। लड़ते-लड़ते उनको ग्लानि आ गई। वे हाथी पर से नीचे जमीन पर गिर पड़े। गिरते समय उन्होंने भीमदेव पर ऐसा वार किया कि वह भी मूर्च्छित हो गया।

सोलंकी सेना अपने राजा को उठाकर शिविर में ले गयी।

सोमेश्वर युद्ध क्षेत्र में ही गतप्राण हो गये।

बाद में भीमदेव ने विष्णुचंद मार्फत कर्पूरी देवी से इच्छित खण्डणी वसूल करवाई।

अकाली युवावस्था में वैधव्य का संकट आन पड़ा। कर्पूरी देवी पर तो जैसे आसमान टूट पड़ा। उनके सर पर बहुत बड़ी जिम्मेदारी आ गई। इस समय हाथ-पैर बांधे स्वस्थ बैठे रहने से काम नहीं चलने वाला था। एखाद सोया हुआ दुश्मन इस संवेदनशील अवसर का लाभ उठा सकता था।

महारानी कर्पूरी देवी ने पहले अपने आपको संतुलित किया। चाचा विग्रहराज सेना लेकर मदद करने आए थे। उनको तुरन्त दिल्ली भेजकर पृथ्वीराज को बुला लिया। क्योंकि वे महाराज सोमेश्वर के ज्येष्ठ पुत्र थे। अगले दिन सब विधि उन्हीं के हाथों होनी थी।

आते ही पृथ्वीराज ने सेनापति पज्जून राय को आदेश दिया,

"भीमदेव अभी तक पाटन नहीं पहुँचे हैं। रास्ते में ही हैं। उस पर हमला करके उसके छत्र-चामर छीन लाओ।"

जरूरत के सैनिकों को साथ लेकर पज्जून राय निकल पड़ा। विजयान्माद में खुद सोलंकी सेना पर वह विद्युत प्रपात की तरह आ झपटा। घबराए हुए सैनिक सँवरते इससे पहले वह भीमदेव से जा भिड़ा। उसके सरपर के छत्र-चामर छिनकर पज्जून राय अजमेर लौट आया।

पृथ्वीराज उसकी वीरता पर प्रसन्न हुए। उन्होंने उसकी बहुत प्रशंसा की। उसने लाए छत्र-चामर और एक गतिमान अश्व उसको इनाम में दिया।

12 दिनों तक विधिवत पितृ श्राद्ध के कार्यक्रम पूरे किये गए। तदुपरान्त महामात्य की मार्फत कर्पूरी देवी ने ऐलान करवाया कि अगामी शुभ मुहूर्त पर युवराज पृथ्वीराज का राजतिलक किया जाएगा। क्योंकि सूर्यवंशीय राजाओं का वह राजसिंहासन अधिक समय तक रिक्त रखना अशुभ माना जाता था।

1177! पृथ्वीराज थे केवल 11 साल के।

पण्डित राजज्योतिषाचार्य जनार्दन ने राज्याभिषेक का शुभ मुहूर्त निकाल दिया। महाराज सोमेश्वर के न होने का गम सबके मन में सुप्तावस्था में था ही! फिर भी बाहर दिखावे के लिए अत्यत खुशी के माहौल में राज्याभिषेक समारोह संपन्न हुआ।

पण्डित जनार्दन ने नवनिर्वाचित महाराज के भाल प्रदेश पर केसरी टीका लगाया। राजमाता कर्पूरी देवी ने चौहान खानदान की स्वर्ण, हीरे, माणिक-मोती जड़ित मूठ की तलवार महाराज पृथ्वीराज चौहान को भेंट की। सब औपचारिकताएँ पूरी होने पर पृथ्वीराज ने प्रतिज्ञा की,

"धोखे से पिताजी का वध करने वाले राजा भीमदेव सोलंकी का भी वध करके बदला नहीं ले लेता, तब तक हम न घी खाएंगे, न सिर पर राजमुकुट धारण करेंगे..."

चूँकि पृथ्वीराज छोटी उम्र के थे, सबकी सहमति से कर्पूरी देवी को मुखत्यार घोषित कर दिया गया। इस महान संकटकाल में उन्होंने अपूर्व धैर्य और हिम्मत से राज्य की बागडोर संभाली। सामन्त और सेनापतियों मार्फत उन्होंने राजधानी तथा गढ़ बिठली किले की सुरक्षा का उचित प्रबंध किया।

सोमेश्वर के कार्यकाल में जो मंत्रीगण और सेनापति थे, उनको पूर्ववत अपना-अपना कार्यभार संभालने का आदेश हुआ। महामात्य कदम्बवास को उनके ओहदे पर कायम रखा? पैतृक वंश के भुवनीकमल को मंत्री बनाया। नागर वंश के स्कन्द वामन और सोढ पहले ही मंत्री थे। नयी व्यवस्था में भी उनका मंत्री पद अबाधित रहा।

कर्पूरी देवी अपने सुयोग्य एवं अनुभवी मंत्रियों की सहायता से बहुत अच्छी तरह राजपाट चला रही थीं। उनके समय में प्रजा सुखी, प्रसन्न और खुशहाल थी। उनकी न्याय प्रणाली बेहतर थी। अजमेर की वित्तीय हालत मजबूत थी। नगर की साफ-सफाई संतोषजनक थी। बाग-बगीचों से शहर शोभायमान हो रहा था। पीने के पानी की विपुलता थी। राज्य में चहुँ ओर आबादी-आबाद और सुख-समृद्धि का वातावरण था।

इसी वजह से लोगों के दिलों में शासन के प्रति अपनापन और आदर था।

हर बात को अपवाद तो होता ही है।

नागों के छोटे-छोटे राज्य थे। वे अजमेर के अधीन थे। उनके शासक संघटित हुए। उन्होंने सोचा, महाराज के मूँछे भी न निकले ज्येष्ठ पुत्र, उमर सिर्फ ग्यारह बरस! क्या गुल खिलायेंगे! क्यों न हम इस मौके का लाभ उठाकर आज़ाद हो लें। उन्होंने बगावत कर दी।

गुप्तचरों ने दरबार में खबर सुनायी।

अभी-अभी राज्य का कारोबार संभाला, फिर भी वे बिल्कुल नहीं डगमगायी। उन्होंने अपने मंत्री भुवनीकमल को नागों का समाचार लेने सैनिकों सहित भेज दिया। उसने बगावत का उच्चाट ही नहीं किया, बल्कि नागों के राज्य नष्ट करके उनको अजमेर रियासत में सम्मिलित कर लिया।

महाराज सोमेश्वर ने राज चलाने के लिये सभी आदमी चुन चुनकर और परखकर इकट्‌ठा किये हुए थे। कर्पूरी देवी और पृथ्वीराज को इसका जरूर फायदा हुआ।

महामंत्री कदम्बवास की बात ही और थी। वे पक्के राजनिष्ठ थे। उनकी राजभक्ति की तुलना केवल भगवान हनुमान जी की राजभक्ति से ही की जा सकती थी। बजरंग बली का जीवन जैसे प्रभु रामचन्द्र और सीता माई के चरणों में समर्पित था। उसी तरह कदम्बवास का जीवन भी कर्पूरी देवी और पृथ्वीराज के प्रति समर्पित था। कहते हैं कि उसकी ठोड़ी किंचित आगे को निकली हुई थी। इसलिए वे संरक्षण के संबंध में हमेशा खबरदार रहते थे। कहीं भी थोड़ी -सी गड़बड़ी हुई कि सेना भेजकर वे वहाँ का बंदोबस्त कर देते।

5. गौरी का गुजरात पर आक्रमण

शहाबुद्दीन मुहम्मद गौरी भयंकर युद्ध पिपासु सुल्तान था। अपनी सेना को वह हमेशा कहीं-कहीं युद्ध में उलझाए रखता। मरने वाले सैनिकों के बारे में उसको तनिक भी दुःख न होता। समूचे भारत का राजा बनने की उसकी ख्वाहिश थी। इसीलिए लूटपाट के साथ-साथ राज्यविस्तार भी उसका ध्येय था। उसने भारत में अपने जासूसों का जाल फैला रखा था। उनके द्वारा उसको इधर की सभी हलचलों की खबरें मिला करती थीं।

उन्हीं गुप्तचरों से उसको पता चला कि गुजरात के राजा भीमदेव ने अजमेर नरेश सोमेश्वर का वध कर दिया। महारानी कर्पूरी देवी से भारी खण्डणी वसूल की, वह सब पाटन के रजवाड़े में ले जाकर रखी।

गौरी ने उसके विश्वासी सरदार सुलेमान, इमरान और असलम इनको बुला लिया। अबतक हिन्दुस्तान से लूटकर लायी धन-दौलत खत्म होने को थी। किसी हिन्दू राजा पर आक्रमण करके उसका कोष लूटना जरूरी था।

वह साल था। 1978, पृथ्वीराज की उमर थी केवल 12 साल। गौरी ने सरदारों से विचार-विनिमय किया। सभी ने परामर्श दिया कि गुजरात पर आक्रमण कर देना चाहिए। कुछ सरदारों की यह भी सलाह थी कि किसी दूत को भेजकर प्रथम खण्डणी की माँग की जाए। बिना युद्ध के खण्डणी मिलती है तो क्या हर्ज है? उसने असलम को इसके लिए पाटन भेजा। भीमदेव ने खुद खण्डणी देने से इन्कार ही नहीं किया बल्कि असलम के साथ कहलवाया कि सुल्तान से ही हमको खण्डणी देने की तजवीज करनी चाहिए। इतना सुनना था कि गौरी ने सिपहसालार तातार खान को गुजरात पर आक्रमण की तैयारी करने को फर्माया।

वैसे भीमदेव गुजरात का नामधारी राजा था। असली राजा था मूलराज द्वितीय। राजकाज भीमदेव की सलाह से मूलराज की माता नायल देवी संभाल रही थीं, जो एक वीरांगना थीं। गुजरात के पास एक लाख से अधिक पैदल, पच्चीस हजार से अधिक घुड़सवार और तीन हजार हाथी, इतनी सैनिक शक्ति थी।

असलम ने गौरी को इसकी सूचना दी। गौरी ने भी सब सोच-समझकर पूरी तैयारी से सैनिक अभियान का डंका पीटा।

शहाबुद्दीन ने मुलतान से चढ़ाई आरंभ की। विक्रमपुर, फलोदी, ओसिया, रखीचून्द होता हुआ वह भाटियों के माढ-जैसलमेर इलाके में प्रविष्ट हुआ। राह चलते लूटमार, अत्याचार, बलात्कार, मंदिरों का विनाश यह सिलसिला जारी रहा।

गुजरात के युद्ध में गौरी को शिकस्त खानी पड़ी।

1179 में गौरी ने पेशावर पर हमला करके उसको जीत लिया। धीरे-धीरे पड़ोस के भू-भाग जीतकर खुद का राज्यविस्तार करने की उसकी योजना थी।

पंजाब के कुछ हिस्से पर खुसरू मलिक नाम का गज़नवी वंश का शासक राज करता था। गुजरात युद्ध में पराजित होकर भी गौरी भारत से बाहर नहीं गया था। इस लड़ाई में मुँह की खाने के साथ-साथ उसका बड़ा भारी नुकसान हुआ था। उसके तीन सौ अस्सी अश्व, तीन सौ से अधिक अश्वारोही सैनिक, दो हजार से ज्यादा पैदल सैनिक खेत रहे थे। पाँच सौ से अधिक सैनिक गंभीर रूप से जख्मी हो गए।

जानवरों को चारा-घास, खांने के लिए अनाज और खर्चे के लिए धन की तीव्र त्रुटि निर्माण हुई थी। इसी कारण गौरी ने पेशावर पर हमला किया किन्तु पेशावर के कोष से पर्याप्त धन नहीं मिला। इसलिए गौरी ने 1181 के मध्य में अपना मोर्चा पंजाब की तरफ फेरा। उसकी किस्मत ही अच्छी थीं। गजनवी वंश इस वक्त आखिरी साँसे गिन रहा था। उसका बल ढीला पड़कर क्षीण हुआ जा रहा था। उनमें युद्ध करने की क्षमता नहीं बची थी।

शहाबुद्दीन ने आक्रमण किया तो मुकाबला करने की बजाय पंजाब का शासक खुसरू मलिक हार मान बैठा। जमानत के तौर पर उसने एक पुत्र को गौरी की सेवा में भेज दिया। सुल्तान को एक हाथी भी भेंट किया।

इसके बाद गौरी ने देवल पर चढ़ाई की। वहाँ उसको मनचाही लूट प्राप्त हुई। यह लेकर वह लाहौर पहुँचा। सुरक्षा चौकी के नाम पर सियालकोट में उसने एक नया किला बंधवाया। हुसैन खरमिल को वहाँ किलेदार नियुक्त कर वह गजनी की ओर चल पड़ा।

पृथ्वीराज के गुप्तचरों ने उनको यह खबर दी। वह प्रस्थान कर गया तो उनको कुछ राहत मिली।

मालूम हुआ कि नर्मदा तट पर हाथियों के झुंड के झुंड विचरते रहते हैं। कामासा पर दिल्ली की देखभाल सौंपकर पृथ्वीराज हाथी पकड़ने चल दिए। देशद्रोही धर्मायन ने तुरन्त गौरी को इसकी खबर दी। गौरी ने दरबार बुलाकर सब को दिल्ली पर आक्रमण करने के लिए राजी किया। दिल्ली पर कब्जा होने से पूरे हिंदुस्तान पर नियंत्रण हो सकेगा, ऐसा उसका सपना था।

भरे दरबार में तातार खान और मारुफ खान ने प्रतिज्ञा की कि वे पृथ्वीराज के महान सेनापति चामुण्डराय को मार डालेंगे। गौरी का हौसला बुलंद हुआ। वह दिल्ली जीतने के लिए चल दिए। पृथ्वीराज के हिस्से में पंजाब का शासक चन्डपुण्डीर उसको रोकने के लिए सामने आया। उसने गौरी को चिनाब नदी पर अड़ाया पर वह गंभीर रूप से घायल हुआ। गौरी ने आराम से चिनाब नदी लाँघी।

आखेट के लिए गए पृथ्वीराज को गुप्तचरों ने यह खबर सुनाई। वे उसी समय लाहौर की ओर निकल पड़े। सेनासहित उधर आने का कामासा को सूचित किया गया। दोनों सेनाएँ एक दूसरे से टकराईं। भयानक संग्राम हुआ। गौरी की सेना की बहुत हानि हुई बाकि यवन सैनिक भाग निकले। पृथ्वीराज और उनके सैनिकों ने शहाबुद्दीन गौरी को घेरे में ले लिया। वैसे वह भी बहादुर था। उसकी तलवार के आघातों से रघुवंशराय गुसाई और भट्टी घायल हुए।

आखिर गौरी पकड़ा गया। उसके साथ पृथ्वीराज दिल्ली लौटे। उसको कैद में रखा गया।

गजनवी के अमीर-उमराव दौड़े-दौड़े दिल्ली पहुँचे। उन्होंने हाथ जोड़कर क्षमा-याचना की। जब दंडस्वरूप नौ हजार अश्व, सात हाथी और मोहरें लेकर उसको दंडस्वरूप एक महीना तीन दिन बाद कैद से मुक्त कर दिया गया।

पृथ्वीराज को आखेट का बहुत शौक था। गौरी के आक्रमणों के कारण इससे पहले उनको बीच में ही लौटना पड़ा था। समय मिलते ही दिल्ली की सुरक्षा का बोझ कामासा को सौंपकर साठ हजार सैनिकों को साथ लेकर वे आखेट पर निकल पड़े।

फिर वही पहला-सा किस्सा हुआ। धर्मायन ने उसकी वफादारी निभाई। खुरासान, हक्स, बलख और रूमके सामन्तों की सहायता से गौरी ने फिर से दिल्ली पर आक्रमण की योजना बनायी। पृथ्वीराज ने उसको घाघरा नदी के करीब ही रोका। घमासान युद्ध तो होना ही था।

काका कान्ह ने तो जैसे मौत की होली खेली। उन्होंने यवन सेना को भारी क्षति पहुँचाई। अवसर पाकर वे गौरी पर झपटे उसको पकड़कर वे पृथ्वीराज के सामने ले आए। जिस वक्त पृथ्वीराज ने उसको अजमेर के बन्दीगृह में रखने का आदेश दिया।

दिल्ली दरबार में गौरी के बारे में चर्चा हुई। उसकी तरह कपटी, धूर्त और छल करने वाले शख्स को बजाय जिंदा रखने के मौत की सजा देना ही उचित होगा यही सबकी राय थी। तब मालूम नहीं क्यों और कैसे, सेनापति कान्ह के मन में उसके लिये दयाभाव उमड़ आया। वे कहने लगे,

"एक बार उसको जिन्दा छोड़कर खुद को बदलने की संधि देकर देखो, बशर्ते कि उसने पंजाब इलाके का हमारे साम्राज्य का जो हिस्सा हड़प रखा है वह अपनी खुशी से हमें लौटा दें।"

कान्ह चौहान वंशीय वीर सेनापति थे। उनका अनन्य साधारण महत्त्व था। उनकी भावनाओं का मान रखने के लिए पृथ्वीराज ने गौरी को रिहा करने को आदेश दिया।

गौरी को अजमेर से दिल्ली लाया गया। उसने पृथ्वीराज के सामने कसम खाई कि इसके बाद वह फिर से कभी भारत पर आक्रमण नहीं करेगा। पृथ्वीराज ने उसकी कसम का भरोसा किया। उसको सम्मानपूर्वक विदा किया। उसको गजनी तक सुरक्षित छोड़ आने के लिये लोहाना अजानबाहु को उसके साथ भेज दिया।

दस दिन गजनी में रहकर लोहाना दिल्ली वापिस लौटा।

कन्नौज नरेश जयचंद राठौड़ पृथ्वीराज से हमेशा नफरत करते थे। उनके विरूद्ध निर्णायक युद्ध का विचार पृथ्वीराज ने प्रलंबित रखा था। मन से निकाल फेंका नहीं था। उन्होंने जयचंद पर चढ़ाई कर दी। गौरी को यह मालूम हुआ। कहते हैं कि **'दुश्मन का दुश्मन वह अपना मित्र'**। शहाबुद्दीन गौरी जयचंद की मदद के लिए आ धमका।

उन दोनों की सेनाओं का पृथ्वीराज ने डटकर मुकाबला किया। भयंकर युद्ध होता रहा। एक दिन रात के समय पीपा ने गौरी को पकड़कर जोर से जमीं पर पटक दिया। उसको बांधकर पृथ्वीराज के सामने लाकर खड़ा कर दिया।

गौरी ने अपना हमेशा का अस्त्र बाहर निकाला, क्षमा याचना की। पहले कई बार के अनुभवों को नजरअंदाज किया और बिना कोई सजा दिए या दंड दिए पृथ्वीराज ने उसको छोड़ दिया।

6. पृथ्वीराज की लड़ाइयाँ

अलवर संस्थान का राजा भदानक पृथ्वीराज और कर्पूरी देवी पर बहुत चिढ़ा हुआ था। उसने मन का क्षोभ प्रकट करने के लिए मंत्री गंगेश्वर को बुला लिया था। उसकी चिढ़ का मुख्य कारण थी कर्पूरी देवी!

महाराज सोमेश्वर के साथ विवाह होने से पहले उसने महाराज अनंगपाल से राजकुमारी कर्पूरी देवी का हाथ माँगा था। अनंगपाल ने इंकार कर दिया। तभी से वह शूल रखे था। यह शूल उसके सीने में तीर की तरह चुभ रहा था।

सोमेश्वर के रहते वह चुप बैठा रहा।

अलवर की यह रियासत चौहान-दिल्ली-साम्राज्य.की पूरब दिशा में खटक रही थी। उसमें हरियाणा का कुछ हिस्सा, अलवर, उत्तर प्रदेश से मिला, कुछ भाग राजस्थान से लगा, कुछ हिस्सा इतने भू-भाग का समावेश था।

भदानक दिल्ली को अक्सर सताते रहते थे। दिल्ली की सीमाओं में प्रविष्ट होकर लोगों को सताना, उनसे जबरन धन ऐंठना, दहशत फैलाना इन हरकतों से लोग पीड़ित होकर तंग आ चुके थे। उनके खिलाफ दिल्ली दरबार में नित्य नई शिकायतें आती रहतीं।

नागार्जुन की बगावत में इस राज्य ने उसकी बहुत मदद की थी। पृथ्वीराज को इसका पता था। उनको सबक सिखलाने की आवश्यकता थी। उन्होंने भदानकों पर चढ़ाई करने की ठानी।

अलवर राज्य भी शक्तिशाली था। उनकी गजसेना विशाल थी। पृथ्वीराज ने पचास हजार सैनिकों के साथ कामासा के अलवर पर भेजा। भदानको का गुप्तचर प्रमुख था, रामदेव। उसने भदानकों को यह खबर दी। भदानकों ने मंत्री गंगेश्वर को जंग की तैयारी करने का आदेश दिया।

उनका राज्यविस्तार काफी फैला हुआ था। बयाना से लेकर सम्पूर्ण मेवात क्षेत्र पर उनकी सजा थी। उनकी सैनिक शक्ति पृथ्वीराज के सैनिक बल से अधिक थी। परन्तु पृथ्वीराज के अश्वारोही तलवार चलाने में माहिर थे।

दोनों सेनाएं आमने-सामने आकर एक दूसरे से टकराईं। कामासा को अश्वारोही समेत आगे भेजकर स्वयं हाथी दल के साथ पृथ्वीराज पीछे रहे।

अलवर सैनिकों को काटती हुई कामासा की सेना भीतर प्रतिष्ट हुई। उनके पीछे पृथ्वीराज की पैदल सेना थी। गंगेश्वर चिल्लाकर उसकी सेना का हौसला बढ़ाने की कोशिश कर रहा था।

वर्तमान अजमेर-रींगस लोह मार्ग पर नरायण नाम का जो रेलवे स्टेशन है वहीं पर पृथ्वीराज की सेना का पड़ाव था।

जान की बाजी लगाकर अलवर के सैनिक कामासा के सैनिकों से जूझ रहे थे। उसी समय पृथ्वीराज ने हाथी दल के साथ भदानकों के सैनिकों पर पीछे से हमला किया। सबके आगे दौड़ने वाले हाथी की पीठ पर सजे ओहदे में पृथ्वीराज बैठे हुए थे। वे बिना रुके तीर चला रहे थे। उनका एक भी तीर खाली नहीं जा रहा था।

भदानकों के सैनिक लगातार मर रहे थे। चक्की के दो पाटों में फँसे हुए धान की तरह उनकी अवस्था हुई। उनकी समझ में नहीं आ रहा था कि अगली सेना से बड़े या पिछली दुविधा में गुथे सैनिकों ने रणक्षेत्र से भागना शुरू किया। भदानकों की पराजय हुई।

-जिस युद्ध में पृथ्वीराज को प्रचंड धन-दौलत प्राप्त हुई।

केवल बारह बरस की आयु में लड़ाई जीतने वाला राजा की हैसियत से उनकी कीर्ति चहुँ ओर फैल गयी। भदानकों का राज्य पृथ्वीराज ने दिल्ली साम्राज्य में विलीन कर लिया। उनको पृथ्वीराज की शर्तें स्वीकृत कर लेने के सिवा कोई चारा नहीं था।

भदानकों पर विजय पाकर पृथ्वीराज दिल्ली लौटे। उनकी सेना पीछे-पीछे आ रही थी। उसके कुछ जख्मी सैनिक रास्ता भूलकर गलती से महोबा पहुँचे। महोबा बुन्देलखण्ड के चंदेल राजा परमाल देव या परमार्दिन की राजधानी थी। जख्मी चौहान सैनिकों ने वहाँ के बाग में आराम करना चाहा। बगीचे के रक्षक मालियों ने इसका विरोध किया। सैनिकों ने मारपीट करके, उनको वहाँ से भगा दिया।

माली राजप्रासाद में राजा परमाल के पास गए। परमाल ने उन सैनिकों को पकड़ लाने के लिए अपने दो सामन्तों को भेजा। जख्मी सैनिकों ने उनको मार डाला। राजा ने पुत्र, ब्रह्माजित को बाग में भेजा। उसने भागे हुए सैनिकों को छोड़कर बाकी सबको मार डाला। वापिस जाकर उसने बिना हिचकिचाए स्पष्ट शब्दों में कह डाला,

"पिताजी! याद रहे, महाराज पृथ्वीराज इसका बदला लिए बिना नहीं रहेंगे.."

अपनी प्रजा को पृथ्वीराज अत्यधिक प्यार करते थे।

उन्होंने ऐलान किया कि अपने सैनिकों की हत्या का बदला चुकाने के लिए वे महोबा पर आक्रमण करने जा रहे हैं।

सभी राजपूत नरेश मामूली कारणों से मन में अढी रखकर एक दूसरे के खून की नदियाँ बहा रहे थे।

पृथ्वीराज अक्टूबर 1182 में अजमेर से निकले। मेवात होते हुए वे बहूज नदी के तट पर पहुँचे। यहाँ की सीमा पर चन्देलों का मजबूत किला था, सिरसागढ़! उसका गढ़पति था, वन्नाफर राजपूत मलखान।

'बन्नाफर राजपूत' यह कोई वंश नहीं था। ये लोग मथुरा की यादव वंशी शाखा से संबंध रखते थे। मथुरा का राजा इच्छापाल का पुत्र विनायक पाल ने महोबा का निर्माण किया। इसी घराने में आल्हा-उदल नाम के दो वीर भाइयों का जन्म हुआ। कहते हैं कि उन्होंने बावन लड़ाइयां कीं। बहुरूपी का स्वांग रचाने में विख्यात थे, इसीलिए उनको 'बन्नाफर' - कनिष्ठ - राजपूत कहा गया।

बुंदेलखण्ड के दो भूतपूर्व सेनापति थे, जस्सराज और बच्छराज। वे दोनों सगे भाई थे। जस्सराज दिवला को दो पुत्र हुए, आल्हा और उदल-उदयसिंह! बच्छराज और तिलका के भी दो पुत्र थे, मलखान और सुलखान। राजा परमाल की पत्नी मल्हना दिवला और तिलका की सगी बड़ी बहन थी। राजा परमाल आल्हा, उदल, मलखान और सुलखान का सगा बड़ा मौसा था।

पृथ्वीराज ने महोबा पर आक्रमण किया, तब किसी कारणवश आल्हा और उदल परमाल से रूठकर राजा जयचंद राठौड़ के आश्रय में कन्नौज चले गए थे।

इस अभियान में पृथ्वीराज के साथ महामंत्री कदम्बवास, काका कान्ह, आमेर नरेश पज्जन राय कछवाहा, संजमराय राठौड़, गोयन्द, आताताई, निड्ढुर राय, सलख, लखन आदि वीर लड़ाकू सेनापति थे।

पृथ्वीराज के आक्रमण की खबर सुनते ही राजा परमाल हड़बड़ा गया। उसने दरबार बुलाया। महारानी मल्हना, मंत्री और सेनापतियों से संभाव्य युद्ध नीति के बारे में विचार-विमर्श हुआ। सबका कहना था कि इस आपत्ति से सिर्फ आल्हा उदल ही महोबा को बचा सकते हैं।

दोनों भाइयों को मनवा लाने के लिए भाट कवि जल्हन को कन्नौज भेजा गया उसके साथ दो खत दिए थे। एक मल्हना का आल्हा उदल के नाम था। दूसरा राजा परमाल का जयचंद के नाम था, जिसमें मदद माँगी गई थी।

पृथ्वीराज ने सिरसागढ़ को घेर लिया। गढ़ को बचाने के लिए महोबा से आठ हजार सैनिक और पाँच सेनापतियों को भेजा गया, वे गाँव में पहुँचे। उस

सेना के मुख्य सेनापति के रूप में नियुक्त किये गये थे। अरिसिंह और बैरीसिंह। अरिसिंह बड़ी, बहादुरी से कैमासा, चामुण्डराय, चन्दापुण्डीर इनका सामना करता रहा। आखिर वह घायल होकर गिर पड़ा।

बहुत से सैनिक मारे गए। जो थोड़े बचे थे वे भागकर राजा परमाल के पास पहुँचे।'उन्होंने राजा को युद्धस्थिति बयान की।

परमाल के प्रमुख सलाहकार थे-महारानी मल्हना, कल्याणदास कायस्थ, राजपुरोहित केशवराम और कवि जल्हन भाट। अधिकांश निर्णय वह उन चारों की सम्मति से ही लेता था।

महोबा से आई हुई सेना हताहत होने के बाद मलखान अपने सैनिकों सहित सिरसागढ़ किले से बाहर निकाला। किसी भूखे शेर की तरह वह पृथ्वीराज की सेना पर टूट पड़ा। उसके झंझावाती हमले से चौहान सेना के छक्के छूट गए। शाम न होती तो पृथ्वीराज की सेना की हार निश्चित थी। संध्या होने से अगली सुबह तक युद्ध विराम का बिगुल बज उठा।

दोनों सेनाएँ अपने-अपने पड़ावों पर लौट गईं।

रात में पृथ्वीराज के खेमे में सेनापति और सामन्तों की बैठक बैठी। दिनभर लड़े और आए दिन होने वाले युद्ध के बारे में विचारपूर्वक चर्चा हुई।

महामंत्री कदम्बवास ने अपना मत प्रकट किया कि सीधे युद्ध में मलखान को हरा पाना मुश्किल है। उसको महोबा से मदद आ रही होगी या आ सकती है। युद्ध का मतलब है, चाहे जैसे भी हो विजय हासिल करना। इस समय हमको किसी भी तरह की नीति-अनीति और सिद्धांतों के जाल मे गूँथकर अपना सर्वनाश नहीं कर लेना चाहिए।

बेहतर यही होगा कि किले पर रात में ही हमला किया जाए।

पृथ्वीराज को यह धोखाधड़ी पसंद नहीं थी। परंतु सभी सामन्त और सेनापति महामंत्री के विचारों से सहमत थे।

गढ़ पर जब सब लोग विश्राम कर रहे थे, तब अचानक आधी रात में पृथ्वीराज की सेना ने किले पर धावा बोल दिया। मलखान के सैनिक सावधान होते, इससे पहले ही मारे गए। तलवार थामे मलखान प्रतिरोध की आग में झुलसता हुआ सामने आ गया। काका कान्ह जैसे उसी का इंतजार कर रहा था। दोनों एक दूसरे पर टूट पड़े। मलखान कान्ह के हाथों मारा गया।

सिरसागढ़ चौहानों के कब्जे में आ गया।

उधर कवि जल्हन ने अपनी वाक्पटुता से आल्हा उदल का रुतबा मिटा डाला। वे उसके साथ महोबा पहुँचे।

जयचंद राठौड़ पृथ्वीराज का विनाश तो चाहते ही थे। उन्होंने दोनों भाइयों के साथ भतीजा लाखनसी के नेतृत्व में सेनापति ताजीम खाँ, रूपसी, दादू यादव, कुमारपाल, बीस हजार पैदल और दस हजार अश्वदल भी मदद के तौर पर भेज दिए।

सिरसागढ़ पर अधिकार जमाने के बाद पृथ्वीराज ने पहले वहाँ की व्यवस्था करवाई। तदुपरांत अपने सैनिकों को महोबा की ओर प्रस्थान करने का आदेश दिया। करीबन दस मील जाने के बाद वैभवती नदी के तट पर उरई ग्राम के समीप उन्होंने अपनी सेना का पड़ाव डाला।

उधर आल्हा के नेतृत्व में बेतवा के करीब मोहानी गाँव के पास चँदेल सेना का भी पड़ाव डाला गया।

बैरागढ़ में दोनों सेनाएं एक दूसरे से टकराईं।

काका कान्ह चौहान और चण्डपुण्डीर चौहान सेना का नेतृत्व कर रहे थे। हाथी पर सवार कान्ह सेना के हराकल में थे। उनको देखकर परमाल बहुत डर गया और पसीना-पसीना हो गया। उसने आल्हा, उदल और पुत्र ब्रहमाजित बनाम ब्रहमासिंह को बुलाकर कहा कि चौहानों का यह सेनापति कान्हे मुझे साक्षात यमधर्म-सा प्रतीत होता है। उसको साथ जंग करने के बजाय संधि करना अधिक मुनासिब रहेगा।

तीनों ने परमाल की सलाह नजरअंदाज कर दी। तब वह कालिंजर को भाग गया।

जंग छिड़ गई थी।

चण्डपुण्डीर भी दिल्ली की सेना के हरावल में था। हाथी पर बैठा आल्हा सेना के बीच से आगे बढ़ा आ रहा था। उसकी सेना के सामने बहुत सारे हाथी थे।

जयचंद का भतीजा-भाई का बेटा-लाखनसी और निड्ढुर राय का सामना हुआ। लाखनसी की मदद को ताजीम खाँ, रूपसी, दादू यादव और कुमारपाल तो निड्ढुर राय की मदद को कान्ह, कैमासा, जैतराय और पहाड़ राय दौड़कर आए। ताजीम खान ने कान्ह पर वार करके उनको मूर्च्छित कर दिया। लाखनसिंह ने तलवार के वार से निड्ढुर राय को नीचे गिरा दिया। वह आगे बढ़ने लगा। उसी समय कान्ह की मूर्च्छा टूटी। वे होश में आ गए। उन्होंने उठकर ऐसा वार किया कि लाखनसिंह के शरीर के दो टुकड़े हो गए।

लाखनसी की मृत्यु होते ही कन्नौज और महोबा की सेना में खलबली मच गई। उनमें गड़बड़ शुरू हो गई। बिगड़ती हालत को सँवारने के लिए ब्रहमाजित

चौहान सेना के बीच घुस आया। वह गाजर-मूली की तरह-चौहान सेना को काटता चला। मौका पाकर एक सिपाही ने उसका सर कलम कर दिया।

मलखान आल्हा उदल का सगा मौसेरा और चचेरा भाई था, तो ब्रहमाजिंत उनका सगा मौसेरा भाई था। वे दोनों युद्ध में मारे गए।

उदल का गुस्सा बेकाबू हो गया। तिलमिलाकर वह सीधा संजम राय राठौड़ से आ भिड़ा। झटके से उसने संजम राय को मूर्च्छित कर डाला। सेनापति कान्ह की भी उसने वही हालत की। वह घोड़े की पीठ पर से नीचे उतरा। हाथ में तलवार लेकर चौहान सेना का भयंकर संहार करने लगा। वह मूर्च्छित कान्ह पर वार करने की तैयारी में था तभी कान्ह को होश आया। तब कान्ह, चौमासा और चामुण्डराय तीनों ने उदल पर एक साथ धावा बोल दिया। इसमें वह मारा गया।

महोबा की मदद को आयी कन्नौज की फौज खेत रही। महोबा के कई वीर मारे गये। पृथ्वीराज के अनुभवसिद्ध महामयी कदम्बवास भी काम आये। शतनाही नहीं, भयंकर कुपित आल्हा ने पृथ्वीराज को भी मूर्च्छित करके संजम राय के निकट डाल दिया। वह चाहता तो पृथ्वीराज को आसानी से मार सकता था। परंतु उसने ऐसा नहीं किया। अचानक उसके गुरु गोरखनाथ का स्मरण हो आया।

आल्हानै तलवार म्यान की। और,

'गुरु का आदेश है, चलता हूँ...!'

इतना कहकर वह उत्तरी दिशा में अपने पचसावद हाथी पर बैठकर पुत्र इंदल के साथ चला गया। किंवदन्ती है कि उसको अमरत्व का वरदान प्राप्त था।

जिस युद्ध में एक दर्दनाक घटना हुई। पृथ्वीराज और संजमराय एक ही जगह मूर्च्छित होकर पड़े थे। संजम के दोनों पैर कट चुके थे। वह जल्दी होश में आया। पर जगह से उठ नहीं सकता था।

उसने देखा कि एक गिद्द पृथ्वीराज के सीने पर बैठकर उनकी आँखें निहार रहा है। वह उनकी आँखें खाने की कोशिश में था। उसका ध्यान विचलित करने की जरूरत थी। संजमराय ने खुद के हाथों अपने शरीर का मांस काट-काट कर गिद्द की ओर फेंकना शुरू किया। गिद्द को और क्या चाहिए था? वह संजमराय के मांस के टुकड़ों पर टूट पड़ा।

गुरु रामदास, चंदवरदाई आदि पृथ्वीराज को ढूंढ़ते हुए वहाँ पहुँचे। वे उन दोनों को वहाँ से उठाकर शिविर में ले गए। संजमराय की मौत हो गई।

भीषण खून-खराबे के बाद चन्देलों की पराजय हुई, पृथ्वीराज की जीत हुई। यह जीत उनके लिये बहुत महंगी रही, क्योंकि बड़े पैमाने पर सैनिकों का संहार हुआ। अनुभवी महामंत्री कदम्बवास चल बसा। संजमराय सरीखा बचपन का दोस्त हमेशा-हमेशा के लिए बिछड़ गया।

पृथ्वीराज मन ही मन में बहुत दुःखी हुए।

महोबा विजय से धसान नदी के पश्चिम का इलाका, सागर, ललितपुर, ओरछा, झांसी आदि भू-भाग भी पृथ्वीराज के नियंत्रण में आ गया।

उन्होंने महोबा में रुककर भगोड़े परमाल को लाने के लिए चामुण्डराय को कालिंजर भेज दिया। उसके आने पर उसका राज्य उसे वापिस देकर पज्जनराय कछवाह को महसूल वसूली के लिये महोबा छोड़ा।

सैनिक, सेनापति सामन्तों के साथ पृथ्वीराज दिल्ली लौटे।

कदम्बवास महोबा की लड़ाई में शहीद हुए। उनका महामंत्री पद रिक्त पड़ा था। उस पर किसी सत्यपात्र व्यक्ति को तुरन्त नियुक्त करना आवश्यक था। चामुण्डराय उस पद के लिए इच्छुक थे। वे कदंबवास के छोटे भाई थे। पृथ्वीराज ने इस पद पर कदम्बवास के पुत्र को नियुक्त किया इससे चामुण्डराय की आशा पर पानी फिर गया। उनके मन में निष्ठा और स्वामिभक्ति की जगह नैराश्य के बादल मण्डराने लगे।

द्विग्विजय योजना के अंतर्गत पृथ्वीराज दिल्ली से लगे कई छोटे-राज्यों को साम्राज्य में शरीक कर लिया था। महोबा अभियान से लौटने पर उनके दिल में नैराश्य ने घर कर लिया। उन्होंने दरबार भराकर ऐलान किया कि दिग्विजय योजना समाप्त की जाती है।

उत्तरी हिन्दुस्तान में प्रतिहार वंश के राजपूतों का एक बहुत पुराना राज्य या मण्डौर या जोधपुर! वहाँ का नाहडराय या नागभट्ट बहुत ही शूरवीर और शक्तिशाली राजा था। यह राज्य किसी समय कन्नौज के प्रतिहार साम्राज्य का हिस्सा था। उस समय सांभर और अजमेर के चौहान राज्यों पर भी कन्नौज साम्राज्य का नियंत्रण था। कन्नौज साम्राज्य की कमजोरी का लाभ उठाकर उन्होंने अपने आप को आजाद घोषित किया।

विग्रहराज चतुर्थ ने चौहान राज्य को साम्राज्य का स्वरूप दिया तो मंडौर के प्रतिहारों को अपने आधीन कर लिया। जब पृथ्वीराज शिशु अवस्था में थे तब नाहडराव प्रतिहार ने खुद को स्वतंत्र ऐलान किया।

एक शक्तिशाली सेना के साथ पृथ्वीराज ने मंडौर पर चढ़ाई की। नाहडराव शस्त्रास्त्र पारंगत था। पृथ्वीराज की सैनिक शक्ति देखकर वह तनिक भी डगमगाया नहीं। उसने चौहान सेना का डटकर मुकाबला किया। भयंकर युद्ध हुआ। अंत में नाहडराव हार गया, पर वह बहुत दूरदर्शी भी था।

उसने कन्या जतन कंवर का पृथ्वीराज से ब्याह कर दिया।

संयोगिता हरण समय पर और तराइन के द्वितीय युद्ध में भी नाहडराव पृथ्वीराज के साथ था। वहाँ मुल्क की आजादी की रक्षा के लिए लड़ते-लड़ते वह शहीद हुआ।

पृथ्वीराज के साम्राज्य की उत्तरी सीमा जम्मू की सरहद से जा भिड़ी थी। यहाँ का राजा था विजयराज। दोनों राज्यों की सीमाएं एक दूसरी से सटी रहने के कारण आपस में कुरबुरी होते रहना स्वभाविक था। दोनों राज्यों के संबंध अच्छे नहीं थे। उसमें चौहान सैनिकों ने अंगार में तेल उड़ेलने का काम किया। उन्होंने सरहद के कुछ गाँवों में लूटपाट की।

जिस घटना को लेकर राजा विजयपाल बहुत क्रोधित हुआ, परंतु पृथ्वीराज का और उनके सैनिकों का सामना करने का सामर्थ्य उसमें थी नहीं। उसने गौरी के पास दूत भेजकर कहलवाया कि वह जब पृथ्वीराज के खिलाफ आक्रमण करेगा तब उसकी मदद के लिए सेनासहित आ मिलेगा।

कामासा ने इससे पहले ही पृथ्वीराज को सलाह दी थी कि जम्मू के राजा से दुश्मनी के बजाय अच्छे संबंध प्रस्थापित करने चाहिए। क्योंकि अपने मुल्क का सबसे अहम बैरी मुहम्मद गौरी उससे बार-बार मुलाकातें कर रहा है। पृथ्वीराज ने कमासा का कहना गंभीरता से नहीं लिया।

स्वजनों के खून के प्यासे अपने लोग बाहरी दुश्मन को दिये गये शब्द की पूर्ति के खातिर प्राणों की बाजी लगा देने में भी आगा देखते थे न पीछा।

विजयराज ने भी अपना शब्द रखा। दूसरे तराइन युद्ध के लिए जब गौरी चलकर आया, उस समय विजयराज अपनी सेना के साथ लाहौर जाकर उसके साथ हो लिया। ।

7. पद्मावती हरण

सिंधु नदी के तट पर एक हिन्दू राजा की छोटी-सी रियासत थी। उस राज्य में चित्ररेखा नाम की बहुत ही खुबसूरत गणिका रहती थी। उसकी प्राप्ति की लालसा मन में लेकर गौरी ने उस राज्य पर आक्रमण किया। उसकी विशाल सेना को देखकर हिंदु राजा डर गया। उसने चित्ररेखा को गौरी के हवाले कर दिया। स्वयं सनातन हिन्दू धर्म को त्यागकर मुसलमान बन गया। उसका हिन्दू नाम बदलकर उसको नया नाम दिया गया, अरब खान।

वह गजनी दरबार में ही रहने लगा।

गौरी का एक चचेरा भाई था, मीर हुसैन! वह बहुत ही सुंदर था। चित्ररेखा और मीर हुसैन एक दूसरे पर अनुरक्त हुए। इसका पता चलने पर गौरी मारे गुस्से के लाल काला हो गया। उसके डर से घबराकर मीर हुसैन चित्ररेखा को लेकर चुपके से गजनी से भाग निकला और सीधा पृथ्वीराज के पास पहुँचा।

उस समय पृथ्वीराज नागौर के खट्टू वन में आखेट के लिए गए हुए थे। मंत्रियों से सलाह मशवरा करने के बाद उसको पनाह दी। हिस्सार जिले में छोटी-सी जागीर भी दी। नीतराय कोतवाल के घर पर उनके निवास की व्यवस्था की गयी।

जले-भुने गौरी ने उनको खोजने के लिये सब ओर आदमी भेजे। जासूसों ने पूरी जानकारी लाकर गौरी को सुनाई। उसने पृथ्वीराज को खत लिखकर उसके साथ अरब खाँ को हिन्दुस्तान में भेजा। अरब खान के पास मीर हुसैन को खानगी संदेश दिया था कि चित्ररेखा को लौटा दिया तो उसका अपराध माफ किया जाएगा। पृथ्वीराज के खत में लिखा था कि मीर हुसैन अब हमारा दुश्मन बन चुका है। उसको निकाल भगा दो।

अरब खान नागौर को भाया। पहले मीर हुसैन से भेंट करके उसने सुल्तान का संदेश भी सुनाया। हर तरह की कोशिशों से मीर हुसैन को जाल में फँसाना चाहा। उसकी बातों पर और गौरी की जबान पर भरोसा कर ले, हुसैन इतना भोला और मूर्ख तो था नहीं। एक बार हाथ लग जाने पर शहाबुद्दीन गौरी नामक यह सुल्तान क्या हश्र करेगा, यह पूछने के लिए मीर हुसैन को किसी भविष्यवेत्ता की जरूरत नहीं थी।

वह भी तो शहाबुद्दीन मुहम्मद गौरी के खानदान का ही था। गौरी को उससे ज्यादा कौन समझ सकता था!

अरब खान ने पृथ्वीराज से मुलाकात की। उनको गौरी का पत्र दिया। वह पढ़कर संतप्त हुए। कदम्बवास के स्थान पर आए महामंत्री ने अरब खान को सुनाया कि पनाह में आए हुए की रक्षा करना यही क्षात्र धर्म है।

कोई भी सुनने की मनःस्थिति में नहीं, इसका यकीन हो जाने पर अरब खान गौरी के पास लौट गया। उसने जो देखा था, सुना था, वह सब गौरी को बता दिया।

गौरी तो चित्ररेखा के लिए पागल हुआ जा रहा था। अमीर-उमरावों से सलाह मशवरा करके बड़ी सेना के साथ वह पृथ्वीराज पर आक्रमण करने गजनी से निकल पड़ा। गुप्तचरों के जरिए पृथ्वीराज को खबर प्राप्त होते ही उन्होंने भी कूच किया। दोनों सेनाएँ सारुण्डा पहुँची मीर हुसैन ने पृथ्वीराज से कहा कि यह जंग केवल मेरे कारण होने जा रही है, इसलिए मैं भी आपके साथ आऊँगा, इतना ही नहीं, सेना की हरावल (आघाड़ी) में मैं ही रहूँगा।

गौरी ने अपनी सेना को पाँच हिस्सों में विभाजित किया। उसने सारुण्ड की बाईं ओर से चढ़ाई की। पृथ्वीराज ने अपने चार हजार सैनिकों की व्यूह रचना की। सेना के मध्य में वे स्वयं रहे, दाईं ओर महामंत्री, चामुण्डराय, चण्डपुण्डीर, चन्द सेन, जुफासिंह, परमार, गुहलोत तुँवर, मण्डलीक खीची, और कनक गुज्जर थे।

तातारखाँ उसके बीस हजार सैनिकों के साथ आगे बढ़ा। मीर हुसैन से उसका सामना हुआ। उसने तातारखान को हरा दिया। उसकी जगह खुरसान ने ली। चामुण्डराय ने उसको मार गिराया। उसके मरते ही गौरी की सेना में हड़बड़ी मच गयी। उसका मनोबल टूटने लगा। यह देखकर गौरी ने जबरदस्त आक्रमण किया। उसने पृथ्वीराज के एक मंत्री मण्डलीक खीची को मार डाला। अब पृथ्वीराज के गुस्से का ठिकाना न रहा। उन्होंने अपने सैनिकों को आदेश दिया,

"आक्रमण करो। याद रहे, एक भी यवन सैनिक जिन्दा बचकर वापिस लौटने न पाए।"

अब कान्ह की तलवार युद्ध क्षेत्र में अपना तेज दिखलाने लगी। यवन सैनिकों के सिर कटकर सिर से अलग होने लगे। वे रणांगण छोड़कर भागने लगे। चामुण्डराय और चण्डपुडीर ने गौरी को पकड़ लिया।

इस लड़ाई में पृथ्वीराज के 1300 सैनिक और पाँच बहादुर सामन्त काम आए। उधर गौरी के 20000 सैनिक और कई जाने-माने सरदार खेत रहे। मीर

हुसैन भी लड़ते-लड़ते अल्लाह को प्यारा हो गया। चित्ररेखा बहुत दुःखी हुई। पृथ्वीराज की इजाजत से उसने खुद को अपने शौहर के शव के साथ जिन्दा कब्र में दफना लिया।

गौरी को दिल्ली लाया गया उसने हमेशा का नाटक किया पाँच दिन वह दिल्ली में बंदी था। उसने आक्रमण की झूठी कसम खाई। कसमें तो वह अक्सर लेता था। तुरन्त भुला देता था। उसको इसकी आदत-सी हो गई थी।

एक सवाल उठता है, जिसका जवाब न तो इतिहास ने दिया है न साहित्य में कहीं पढ़ने को मिलता है। जब बार-बार गौरी धोखा देता रहा, तब पृथ्वीराज उसको पकड़कर भी जिन्दा क्यों छोड़ देते थे? राजनीति की दृष्टि से देखा तो यह कोई सराहनीय बात नहीं थी, बल्कि यह एक तरह का अज्ञान था।

इस वक्त भी यही हुआ। उसको छोड़ दिया गया। आखिर क्यों?

गौरी गजनी को लौट गया। परंतु जाने क्यों यह हार काँटे की तरह उसके अंलकरण को कचोट रही थी। पृथ्वीराज से बदला लेने की आग उसके मन में लगी हुई थी।

वह रास्ते में ही था। मालूम हुआ कि पृथ्वीराज फिर से आखेट के लिए खट्टू वन चले गए हैं। वह लौट पड़ा। चुपचाप उसने खट्टू वन को घेरा। 775 यवन सैनिको ने पृथ्वीराज और उनके पाँच सामन्तों को घेर लिया। चौहान सैनिकों के मन में यह आशंका थी ही।

पाँच वीरों ने गौरी के 775 सैनिकों का सामना किया।

पृथ्वीराज के सैनिकों को वहीं से भनक मिली। देखते ही देखते वे दौड़कर आए। गौरी की सैनिक दुकड़ी पर टूट पड़े। इस आकस्मिक आक्रमण से भयभीत होकर गौरी और उसके सैनिक भाग गए।

युद्ध और आखेटों के कार्यक्रमों के दरम्यान पृथ्वीराज के विवाह भी होते रहे। जैसे कि राजाओं की कभी रानियाँ हुआ करती थीं। पृथ्वीराज की भी निम्न भाषाएं थीं-

1. रानी इच्छनी पवार -आबू नरे श राव आलहण पवार की कन्या
2. रानी जतन कंवर परिशर - मंडोर के राव नाहर परिहार की कन्या
3. रानी प्रताप कंवर सोलंखी-देलवाड के रामसिंह सोलंखी की पुत्री
4. रानी सूरज कंवर दाहिमा - नागौर की।
5. रानी ज्ञान कंवर गीड
6. रानी नंद कंवर बडगुजर
7. रानी पद्मावती यादवन - समुद्र शिखर के विजयपाल की कन्या

8. रानी नीलोत्तमा सोलंखी – गुजरात नरेश भीमदेव सोलंखी की कन्या
9. रानी यशोमिता – भरतपुर के माधोराज की पुत्री
10. रानी कंवरदे गहलोत
11. रानी जसकंवर कछवाही – आमेर नरेश पंजून की कन्या
12. रानी चंद्रकंवर परिहार – मंडोर के चंद्रसेन की कंन्या
13. रानी शशिव्रता राठौड़ – देवगिरी के भानुसिंह की कन्या
14. चांदकंवर सोलंखी – देवास की
15. रानी रतन कंवर बायस – राजा उदयसिंह की कन्या
16. रानी सूरज कंवर सोलंखी
17. रानी प्रताप कंवर मकवानी
18. संयोगिता महारानी – कन्नौज नरेश जयचंद की कन्या
19. रानी जम्भावती – मण्डोवर नरेश नाहरराय की कन्या
20. रानी इन्द्रावती – उज्जैन के भीमदेव की कन्या
21. रानी हंसावती – रणथम्भौर के भानुराय की कन्या
22. बयाना गड नरेश दाहिमाराज की कन्या

इसमें से अधिकांश विवाह राजी-खुशी से हुए थे। कुछ विवाह केवल राजकुमारियों की इच्छानुरूप बलप्रयोग या अपहरण का रास्ता अपनाकर किए गए थे।

पृथ्वीराज उन दिनों सोलह बरस के थे–

पूरब में समुद्र शिखर नाम का एक विशाल दुर्ग था। वहाँ का यादव वंशी राजा था, विजयपाल। उसकी रानी थी, पद्मसेना। उनके दस पुत्र और एक कन्या थी, कन्या का नाम था–पद्मावती। अपनी माँ की तरह वह भी बहुत सुंदर थी। विजयपाल ने कुमाऊँ के राजा कुमोदमणि से उसकी सगाई पक्की कर दी।

शिवालिक पर्वत श्रेणी में कुमाऊँ नाम का विशाल दुर्ग था। कुमोद मणि वहीं का राजा था। उसके पास अगणित संपत्ति और भारी सेना थी।

ब्याह का मुहूर्त निकाला गया।

पद्मावती को यह विवाह संबंध स्वीकृत नहीं था। उसने पृथ्वीराज की सुंदरता और वीरता के बारे में बहुत कुछ सुन रखा था। इसलिए मन ही मन में वह पृथ्वीराज को वरण कर चुकी थी। उसने एक प्रशिक्षित तोता पाल रखा था। उस जमाने में कोई नियमित वाहन व्यवस्था नहीं थी। संदेश पहुँचाने के वास्ते दूत, तोता, परिंदा, कबूतर, बाज आदि को सिखाया जाता था। वे भी अपनी जिम्मेदारी बिना गड़बड़ किए पूरी करते थे।

यह एक चमत्कार ही था!

पद्मावती ने पृथ्वीराज के नाम खत लिखा। उसकी सगाई का पूरा ब्योरा लिखा। ब्याह का मुहूर्त था शक संवत 1130 वैशाख शुक्ल द्वादशी। उसने आगे लिखा था, राजमहल के पश्चिम में शिवमंदिर है। वह पूजा के बहाने वहाँ आएगी। वहीं से उसका हरण करे ले। ऐसा न होने पर वह प्राण त्याग देगी, क्योंकि उसने मन से पृथ्वीराज को ही वर लिया है।

खत तोते के गले में बांधकर उसको आसमान में उड़ा दिया।

तोते ने अपना काम बराबर किया। खत पृथ्वीराज को पहुँचा। उन्होंने वह पढ़ा। जवाब लिखकर तोते के गले में बाँधा और उसको आसमान में छोड़ दिया।

उन्होंने दरबार भरवाकर पद्मावती के खत से सबको अवगत कराया। दिल्ली की रक्षा का भार चामुण्डराय पर डालकर उन्होंने कुछ शूर सैनिक और सामन्तों को चुना। वे जानते थे कि लड़ाई तो लड़नी पड़ेगी ही। उन्होंने समुद्र शिखर की ओर प्रस्थान किया।

गौरी हमेशा पृथ्वीराज की खबर लेता रहता। वह सोचने लगा था कि पृथ्वीराज को दिल्ली के बाहर की ओर ले जाकर जान से मार देना उचित रहेगा। उसको खबर मिली कि छोटी सी फौज साथ में लेकर पृथ्वीराज समुद्र शिखर दुर्ग की ओर जा रहे हैं। वह भी बिल से बाहर निकले सांप की तरह चल पड़ा। पृथ्वीराज्ज के मन में पहले ही ये संदेह था। वे सचेत और तैयारी में थें।

ब्याह के शुभ मुहूर्त के दिन कुमोदमणि भारी सेना लेकर समुद्र शिखर पहुँचा। नगर में राजकुमारी के विवाह की बड़ी धूमधाम थी। हर कदम पर जिसकी प्रचिति आ रही थी। इसी गड़बड़ी में पद्मावती सखियों और दासियों के साथ शिवमंदिर में पहुँची। अपने भव्य सफेद घोड़े पर सवार पृथ्वीराज करीब ही रुके हुए थे। शहर में मनमौजी बारातियों का जमघट लगा हुआ था। जिससे इनकी तरफ किसी ने ध्यान नहीं दिया।

पृथ्वीराज आगे बढ़े। उन्होंने राजकुमारी का हाथ पकड़कर उसको अपने घोड़े की पीठ पर बैठा लिया। घोड़े के चलने का इशारा किया। वह चल दिया। सामन्त और सैनिकों ने अपने राजा का अनुकरण किया।

सबको खबर हो गयी कि पद्मावती सम्राट पृथ्वीराज के साथ भाग गई कुमोदमणि को भी मालूम हुआ। उसने पृथ्वीराज को रोकने का सेना को आदेश दिया। उस सेना ने पृथ्वीराज को घेर लिया। काका कान्ह आदि वीरों ने ऐसा उत्पात मचाया कि कुमुदमणि के सैनिक पिछली ओर भाग गए।

पद्मावती को लेकर पृथ्वीराज दिल्ली की ओर चले जा रहे थे। गौरी भीतर ही आ टपका। घमासान युद्ध हुआ। पृथ्वीराज स्वयं युद्ध में उतरे। बाग जिस तरह अपने शिकार पर झपटता है वैसे ही उन्होंने गौरी के गले में अपना धनुष अटकाकर उसको जकड़ लिया। उसकी यह गंभीर हालत देखकर उसके शेष सैनिक सरदार भाग गए।

इस लड़ाई में पचास सूरमा राजपूत तथा 400 यवन काम आए।

शहाबुद्दीन गौरी को पकड़कर दिल्ली लाया गया।

दिल्ली के करीब अष्टभुजा देवी का मंदिर था। पद्मावती के साथ पृथ्वीराज पहले वहीं ठहरे। वहाँ ब्राहमणों द्वारा मुहूर्त देखकर विवाह विधि संपन्न हुई। जिस समय पृथ्वीराज ने बहुत दान-धर्म किया। उसके बाद उन्होंने राजमहल में प्रवेश किया।

शहाबुद्दीन मुहम्मद गौरी से दंडस्वरूप अच्छी जाति के आठ हजार घोड़े लेने की शर्त पर उसको छोड़ दिया गया।

किसी काम से कर्पूरी देवी भरतपुर आयी हुई थी। सरदार माधोराज ने उनकी अच्छी खातिरदारी की। उनकी यशोमिता नाम की तेरह बरस की एक बहुत ही सुंदर कन्या थी। उस समय पृथ्वीराज अठारह साल के थे। उनके लिए कर्पूरी देवी ने यशोमिता का हाथ माँगा। माधोराज ने बड़ी खुशी से उनका प्रस्ताव स्वीकृत किया।

नजदीक का मुहूर्त निकालकर यह विवाह कर दिया गया दिल्ली मारे खुशी के झूम उठी।

उसी समय एक संकट दिल्ली की ओर बढ़ा चला आ रहा था।

8. इच्छन कुमारी

गुजरात नरेश भीमदेव का सारंगदेव नाम का एक अन्य भाई था। उसके प्रतापसिंह, अमरसिंह, कूरसिंह, गोकुलदास गोविन्द राज, हरसिंह और श्यामसिंह नाम के सात पुत्र थे। सारंगदेव भी राजा था। ज्येष्ठ पुत्र के नाते प्रतापसिंह पिता की गद्दी पर बैठा। उसने रियाया पर अत्याचार शुरू किए। उसने चाचा भीमदेव से भी बैर लिया।

एक बड़ी सेना लेकर भीमदेव उसको दण्डित करने के लिए चल पड़ा। यह खबर मिलते ही प्रतापसिंह भाइयों के साथ भाग निकला। वह सीधा पृथ्वीराज की शरण में आया। पृथ्वीराज ने उनको एक जागीर और घोड़े देकर अपने दरबार में आश्रय दिया।

एक दिन का जिक्र है, भाइयों सहित प्रतापसिंह दरबार में बैठा था। पृथ्वीराज के दरबारी भी उपस्थित थे। चाचा के डर से भागते रहने पर भी प्रतापसिंह का घमंड कम नहीं हुआ था। उसने मूँछों पर ताव दिया। कान्ह यह सह न सके। उन्होंने क्रोधित होकर उसका सर उड़ा दिया। यह देखकर उसके भाई एक साथ कान्ह पर झपटे। कान्ह ने अकेले उन सबका सफाया किया।

यह सब भरे दरबार में हुआ। सारंगदेव गुजरात को चला गया।

पृथ्वीराज उच्चासन पर बैठे थे। कान्ह की कार्यवाही उनको अच्छी नहीं लगी। वे दरबार छोड़कर निवास में चले गए। बाद में कान्ह से इसका कारण पूछने पर उन्होंने सीधा जवाब दिया।

"मैं आपके सामने अन्य किसी को भी अपनी मूँछों पर ताव देते नहीं देख सकता..."

अब पृथ्वीराज क्या जवाब देते?

उन दिनों गुजरात का राजकाज अनहिलबाड़ से भी चलाया जाता था। जिस भीमदेव के डर से सारंगदेव भी अपने बेटों के साथ पृथ्वीराज की शरण में भाग गया था। उसी भीमदेव का सहारा लेने की नौबत सारंगदेव पर आयी। यह कैसी विडंबना थी।

अपने लड़कों को किस निष्ठुरता से मारा गया, यह उसने नमक-मिर्च लगाकर भाई के सामने बयान किया। आखिर खून का रिश्ता, सुनकर भीमदेव

को बहुत गुस्सा आया। उसने पृथ्वीराज को दूत द्वारा संदेश भेजकर धमकाया कि एक माह के अंदर हमारा अपराधी हमारे हवाले न किया गया, तो हमको अलग रास्ता अपनाना पड़ेगा।

इस पर पृथ्वीराज ने कड़वा जवाब दिया,

"चालुक्य नरेश वास्तव में बदला लेने को उतावले हैं तो उन्होंने एक माह तक इंतजार करने की बजाय तुरन्त रणभूमि की ओर कूच कर देना चाहिए था..."

दहकती आग में जैसे घी उड़ेला गया।

पृथ्वीराज और भीमदेव की दुश्मनी को बढ़ावा देने वाला यह भी एक कारण था।

दूसरा कारण था, इच्छन कुमारी के विवाह का।

इच्छन कुमारी चंद्रावती के राजा सलख की कन्या थी। वह बहुत ही सुंदर थी। भीमदेव ने उसकी सुंदरता की काफी प्रशंसा सुनी थी। उसने किसी भी हालत में उसके साथ विवाह करने का निश्चय किया था। इतने में ही उसके पास एक भाट आया जो चन्द्रावती होकर आया था। उसने इच्छन कुमारी के रूप-गुणों की इतनी तारीफ की कि सुनकर भीमदेव के मन में आग-सी लग गई।

अमरसिंह नाम का भीमदेव का एक जैन धर्मीय सरदार था। वह भीमदेव को खुश करने की कोशिश में लगा रहता था। उसकी हाँ में हाँ मिलाता रहता। उसने भीमदेव को उकसाया कि वह चंद्रावती के राजा सलख से उसकी कन्या इच्छन कुमारी का हाथ माँग ले। भीमदेव ने इस काम के लिए उसको ही चन्द्रावती भेजा। उसने राजा सलख को भीमदेव का संदेश सुनाया। जवाब देने के लिए सलख ने पाँच दिन का समय माँग लिया। पुत्र जैतसी से परामर्श करने के बाद अमरसिंह से कहा-

"हमने बहुत पहले अजमेर नरेश महाराज सोमेश्वर को वचन दे रखा है कि उनके पुत्र पृथ्वीराज से हमारी कन्या का विवाह करेंगे...."

यह जवाब सुनकर अमरसिंह संतप्त हुआ। उल्टी-सीधी बातें सुनाकर उसने सलख पिता-पुत्र पर रोब जमाना चाहा। तब जैतसी ने उसको स्पष्ट शब्दों में सुनाया-

"भीमदेव को हमारा राज्य चाहिए तो हम वह सहज ही दे सकते हैं। किन्तु हम परमारों की इज्जत कभी नहीं देंगे..."

राजा सलख ने भी अमरसिंह को बहुत फटकारा। गुस्से से उसने गुजरात की राह ली।

उसके जाते ही राजा सलख भविष्यकालीन युद्ध की तैयारी में जुट गया। उसने युद्ध में मदद के लिए दोस्त राजाओं को निमंत्रण भेजा। अजमेर को भी आने वाले संकट से अवगत कराया।

अपमानित होकर लौटे अमरसिंह ने बढ़-चढ़ कर चुगलखोरी की, जिससे भीमसिंह-भीमदेव भड़क उठा। उसने युद्ध का डंका बजवाया।

इधर मारवाड़ के एक ब्राहमण ने पृथ्वीराज को इच्छन कुमारी का खत लाकर दिया। उसने भीमदेव को आक्रमण के बारे में तो सूचित किया ही था, साथ में यह भी लिखा था कि वह अचलगढ़ पर जा रही है, जहाँ खत मिलते ही आकर मुलाकात करना।

सरदार और मंत्रियों से मंत्रणा करके पृथ्वीराज चन्दवरदाई और रामराय गुजर अपने गतिवान अश्वों पर सवार होकर अचलगढ़ की ओर निकल पड़े।

भीमदेव उसके आधीनस्थ राजा, सामंत, जागीरदार इनको युद्ध में मदद के लिये निमंत्रण भिजवाया। सेनापति को चन्द्रावती ने आबू पर चढ़ाई करने का आदेश दिया। प्रचंड मसद लेकर भीमदेव चल दिया।

राजा सलख परमार भी उसका मुकाबला करने के लिए चन्द्रावती की सरहद पर आकर रुका। भीमदेव की भारी सेना का सामना करना सलखे की छोटी-सी सेना के लिए मुश्किल काम था। और तो और जैसे-जैसे युद्ध क्षेत्र करीब आने लगा, वैसे-वैसे इच्छन कुमारी को पाने की भीमदेव की आंतरिक इच्छाशक्ति भी अधिकाधिक प्रबल होने लगी। वह सैनिकों को तनिक भी आराम नहीं करने दे रहा था।

सुरक्षा की दृष्टि से दासियों के साथ इच्छन कुमारी अचलगढ़ पर पहुँचकर पृथ्वीराज की प्रतीक्षा करने लगी। पृथ्वीराज की ओर भेजे हुए दूत ने आकर बताया था कि जल्द ही वे अचलगढ़ आ रहे हैं। हर दिन भीमदेव चंद्रावती की तरफ बढ़ा चला आ रहा था। कुछ अनहोनी होती दिखाई दी तो खुद की इज्जत बचाने के लिए वह अपनी कटार इस्तेमाल करने वाली थी।

इंतजार की घड़ियाँ खत्म हुईं। पृथ्वीराज आ पहुँचे। इच्छन कुमारी की खुशियों का ठिकाना न रहा। उस रात उन दोनों का गंधर्व विवाह हुआ।

सुबह युद्धभूमि पर से एक हरकारा (खबरी) अचलगढ़ पर आया। उसने खबर दी कि लड़ाई आरंभ हो चुकी है। भीमदेव भारी पड़ रहा है। सलख सैनिक किसी भी क्षण भाग निकलने का डर है। अपनी सेना शिकस्त पा रही है।

इच्छन कुमारी ने साथ माँ को कहलवा भेजा कि वह सम्राट पृथ्वीराज चौहान के साथ अजमेर जा रही है। उसकी तनिक भी चिंता न करें। दो सखियों के साथ वह अजमेर की ओर चल दी।

इधर उसके कारण सेनाओं में भीषण संग्राम हो रहा था।

चंद्रावती की दक्षिण दिशा में एक समतल रेतीला मैदान था। उसके एक ओर सलख सेना का और दूसरी ओर सोलंखी सेना का पड़ाव लगा हुआ था। तीन दिनों तक विश्राम करने के बाद चौथे दिन युद्ध शुरू हुआ था।

हालाँकि परमारों ने भी अच्छा मोर्चा लिया था। दोनों सेनाओं की व्यूह रचना भी काफी अच्छी थी। शुरू में परमार सेना का भारी प्रभाव रहा। भीमदेव की सेना में हड़बड़ी मचने लगी। यह देख हाथी पर बैठकर ललकारता हुआ स्वयं भीमदेव सामने आया। सलख पुत्र जैतसी ने अपनी सेना का हौसला बढ़ाने की भरसक कोशिश की।

अचानक राजा सलख मारा गया।

परमार सेना में भगदड़ शुरू हो गयी। तब राजकुमार जैतसी भी भाग गया। भीमदेव ने आबू पर विजय पाई। बड़ी उत्सुकता से उसने राजमहल में प्रवेश किया। वहाँ राजकुमारी को न पाकर वह पागल हो गया। इच्छन कुमारी की तलाश में उसने गुप्तचारों को दौड़ाया। उन्होंने खबर दी कि राजकुमारी को पृथ्वीराज अजमेर ले गए हैं।

भीमदेव को महाराज पृथ्वीराज से बैर बढ़ाने का और एक नया बहाना मिला।

एक माह पाँच दिन आबू-चंद्रावती में रहकर वह पाटन को लौट आया। पृथ्वीराज से बदला लेने का संकल्प और भी दृढ़ हुआ। इसी विचार से वह रात-दिन बेचैन रहने लगा।

उसने एक भरोसेमंद दूत मकवान का एकांत में बुलाया। उसके साथ मुहम्मद गौरी को देने के लिए एक खत और कीमती नजराने देकर उसको गजनी जाने को फर्माया। खत में उसने लिखा था, "आप दिल्ली पर चढ़ाई करें। हम चौहानों के नागौर पर हमला करते हैं। पृथ्वीराज को इसी तरह जाल में फँसाकर उसका खातमा हो सकेगा।"

मकवान गौरी के दरबार में दाखिल हुआ। उसने भीमदेव का खत और भेंट वस्तुएँ गौरी को दीं। बातों ही बातों में उसकी शहाबुद्दीन गौरी और उसके उमराओं के साथ अनबन हो गई। उसने भरे दरबार में तलवार म्यान से बाहर निकाल ली क्योंकि मुहम्मद गौरी ने भीमदेव के खिलाफ कुछ अपमानस्पद जली-कटी बातें कहीं थी, जो मकवान सह न सका।

गौरी ने उसको मार डाला।

भीमदेव को जब यह मालूम हुआ तो मारे गुस्से के उसका बुरा हाल हुआ। उसने सीधे गजनी पर हमला करने की मन में ठानी। उस समय गौरी बड़ी मात्रा

में सेना के साथ हिन्दुस्तान की ओर ही बढ़ा चला आ रहा था। पृथ्वीराज नागौर में थे। उनके साथ आठ हजार सैनिक थे।

दोनों दुश्मनों का मुकाबला करने के लिए पृथ्वीराज ने अपनी सेना को दो भागों में बाँटा। एक हिस्से के सेनापति काका कान्ह थे। दूसरे हिस्से का नियंत्रण अपने हाथों में रखा। गौरी का सामना करने में सारुण्डे की तरफ चल दिए।

जैसलमेर का बुद्धिमान राजा जानता था कि जब घर में आपसी कलह हो तब उन पर विजय पाना बाह्य शक्ति को सहज साध्य होता है। उसने भीमदेव को खत लिखकर शांति प्रस्थापित करने के लिये कोशिश करने की सलाह दी। गोहिल नाम के एक सरदार ने भी इसका समर्थन किया। उसने आपसी बैर के दुष्परिणामों के दाखिले प्रस्तुत किए।

भीमदेव ने किसी की एक न सुनी।

चामुण्डराय, चडपुण्डीर आदि दिल्ली से कान्ह की मदद के लिये आ पहुँचे। नई शिबन्दी के साथ भीमदेव पर आक्रमण किया गया। अष्टमी का चंद्रोदय होने पर आधी रात को युद्ध शुरू हुआ।

इस युद्ध में भीमदेव के 13000 और दिल्ली के 3000 सैनिक काम आए। मरने वाले और मारने वाले दोनों ही राजपूत ही थे।

भीमदेव जख्मी हुआ। दिल्ली की सेना की जीत हुई।

जख्मी भीमदेव युद्ध स्थल पर से भाग गया।

आबू पर पृथ्वीराज का कब्जा हुआ। उन्होंने वहाँ पर जैतसी को सर्वाधिकारी नियुक्त किया।

चौहान और सोलंखियों के बीच शुरू संघर्ष का फायदा उठाने के उद्देश्य से गौरी गजनी से चल दिया। गुप्तचरों ने यह खबर पृथ्वीराज को सुनायी। इस समय गौरी की सेना में तीन लाख पैदल सेना थी, जिसमें रूसी, फिरंगी, पठान, जाट आदि सैनिकों का समावेश था। गक्कर, काबुली, काश्मीरी, और हब्शी सैनिक बहुत ही डरावने लग रहे थे। वे तलवार चलाने में प्रख्यात थे।

इतनी जानकारी मिलने पर पृथ्वीराज संतप्त हुए। उन्होंने युद्ध की घोषणा कर दी। सलख पुत्र और इच्छा कुमारी का भाई जैतसी भी मदद के लिए सेना सहित आ गया। अब पृथ्वीराज का सैनिक बल 15000 हो गया। वे दिल्ली छोड़कर सारुण्डे की ओर निकल पड़े। तीन दिन बाद वे सारुण्डे पहुँचे। गौरी भी वहाँ आ पहुँचा। पूरब की ओर से चौहान और पश्चिम से अफगान सेना में लड़ाई शुरू हुई।

लोहान आजानबाहु यवन सेना पर हावी हुआ। चैतसी चौहानों के फौजी ध्वज की रक्षा कर रहा था। रामराय गुजर गौरी के स्रसेनापति तातार खान का सामना

कर रहा था। इसी मौके पर सेना लेकर कान्ह भी आ गए। वे यवन सेना पर बिजली कि तरह टूट पड़े। यह देखकर गौरी घोड़ी पर से उतरा और हाथी पर सवार हुआ। वह ललकार कर अपने सैनिकों को प्रोत्साहन देने लगा।

पृथ्वीराज ने अचानक देखा तो जैतसी यवन सैनिकों से घिरा हुआ था। पृथ्वीराज उधर झपटे। उन्होंने जैतसी को घेर रहे यवन सैनिकों को काटकर उसको बचाया। मुक्त होते ही उसने अफगान सेना पर जैसे मौत का फंदा डालना शुरू कर दिया। लगता था कि वह पूरी सेना का संहार कर डालेगा। उसकी मार से हैरान होकर मीरजादे, पीरजादे, पठान आदि सब भागने लगे। सेना की बिगड़ती हालत को देखकर गौरी हाथी की पीठ पर से उतरा और घोड़े पर सवार हुआ। वह भाग चला था, जैतसी ने उसका पीछा करके उसको पकड़ लिया और कैद किया।

जिस लड़ाई में गौरी के एक लाख सैनिक और तेरह सरदार खेत रहे।

इसके बाद चैत्र शुल्क नवमी की तिथि को पृथ्वीराज और इच्छन कुमारी का विधिवत विवाह हुआ।

मुहम्मद गौरी से दण्डस्वरूप बहुत-सी धन-दौलत लेकर उसको रिहा कर दिया गया।

9. नागौर का युद्ध

शहाबुद्दीन मुहम्मद गौरी को पृथ्वीराज का विस्मरण नहीं होता था। उसी तरह गुजरात के भीमदेव को भी रातदिन, ध्यान में मन में पृथ्वीराज दिखाई देता था। खुद को औरों से श्रेष्ठ सिद्ध करने की उसकी हमेशा कोशिश जारी रहती। बिना किसी वजह के वह कोई न कोई बहाना ढूंढ़ता रहता।

यह पहले भी लिखा है कि भीमदेव की दृष्टि दिल्ली के सिंहासन पर लगी हुई थी। वास्तव. में उसका साम्राज्य दिल्ली साम्राज्य से बहुत बड़ा था परंतु वर्तमान की तरह उस समय भी दिल्ली का विशेष महत्त्व था। हर एक चाहता था क़ि दिल्ली उसके कब्जे में हो।

अभी-अभी घटी इच्छन कुमारी की घटना में जो मुँह की खानी पड़ी, उसका शल्य उसको अस्वस्थ किए जा रहा था।

गुजरात के गुप्तचरों ने खबर दी कि पृथ्वीराज जेजुभूती के चन्देलों से लड़ने मे गुंथे हुए हैं। भीमदेव ने इसका लाभ उठाने की सोची।

पृथ्वीराज का जासूस मुखिया ओंकारनाथ गुजरात की राजधानी पाटन में था। भीमदेव के क्रियाकलापों पर उसकी तीखी नजर थी। उसने जब देखा कि गुजरात नरेश सेना बढ़ाने में लगे हुए हैं तो वह चौकन्ना हुआ।

भीमदेव ने गुप्त वार्ता कक्ष में पुत्र जगदेव और प्रधान सेनापति अर्जुनदेव ने इनको बुलाकर कहा,

"पृथ्वीराज इस समय दिल्ली में नहीं जेजुभूती के चंदेलों से युद्ध करने में लगे हुए हैं। उनके साम्राज्य पर फतह पाने का यह सुनहरा मौका है। पश्चिम विभाग के नागौर के किले से विजयी अभियान का श्री गणेश करो..।"

ओंकारनाथ ने यह भीतरी गढ़ की राजदारी की खबर अपनी चालाकी से प्राप्त की। वह तुरन्त दिल्ली आया उसने सेनापति कान्ह को सब हालचाल सुनाया। सेनापति ने यह पृथ्वीराज को बताया। उन्होंने दूत के हाथों कहलवाया-

"नागौर में अपने दो हजार सैनिक और गढ़पति हैं। उनको संदेश भिजवा दो कि हम यथाशीघ्र मदद लेकर पहुंच रहे हैं। किला लड़ाते रहो। किसी भी हालत में गढ़ शत्रु के कब्जे में नहीं जाना चाहिए..."

इस अभियान के लिए भीमदेव ने बड़ी तैयारी की थी। उसकी सेना में डेढ़ लाख भू दल, पाँच सौ से अधिक हाथी, हजारों की तदाद में अश्वारोही थे।

पृथ्वीराज का सेनादल भी मजबूत था। उनकी सेना में एक लाख से ऊपर भूदल, पाँच सौ से अधिक हाथी, दो हजार से अधिक अश्वारोही थे। कई अच्छे लड़ाकू सेनापति थे। उन्होंने माता कर्पूरी देवी को भी सहायता भेजने के लिए लिखा।

भीमदेव का पुत्र जगदेव-वनराज-और सेनापति अर्जुनदेव पूरी तैयारी से चल पड़े। जैसा कि उनको आदेश था, उनका पहला लक्ष्य था नागौर का किला। राह में पृथ्वीराज के साम्राज्य के जागीरदार, सरदार इनकी जगह-जगह पर रुकावटें थी। भीमदेव के सैनिकी झंझावात में वे पत्ते के बंगले की तरह उड़ गए।

यह अभियान अक्टूबर 1182 में हुआ।

जगदेव ने तीव्र गति से आकस्मिक आक्रमण किया। लोगों को, सामन्तों को, उनके सैनिकों को संवरने का भी मौका नहीं मिला। दिल्ली साम्राज्य के पश्चिम भाग पर विजय प्राप्त करके जगदेव-अर्जुनदेव काफी भीतर बढ़ गए। मुकाबला करते-करते कई चौहान सरदार सैनिक वीरगति को प्राप्त हुए। गुजरात की सेना नागौर पहुँची। उसने किले को घेर लिया। आबू का भूतपूर्व शासक धारावर्ष भी सोलंखियों की सेना की मदद को आ गया। उसने बहुत बहादुरी दिखलाई। किले पर उनका अधिकार हो गया।

उधर महोबा पर पृथ्वीराज की जीत हुई। दिल्ली की ओर चल दिए। उन्होंने नागौर का किला जीतने के लिए रास्ते में से ही एक सैनिक टुकड़ी भेजी। वह टुकड़ी कुछ भी न कर पाई। तब उन्होंने महोबा से पंज्जुवन राय कछवाह को दिल्ली वापिस बुला लिया। उनके और पंत प्रधान कदम्बवास के नेतृत्व में पृथ्वीराज ने एक बड़ी सेना सोलंखियों का सामना करने भेजी।

माघ शुक्ल 12 को दोनों सेनाओं में नागौर में घमासान युद्ध हुआ। पज्जुवन राय के पुत्र मलेसि बहुत बहादुरी से लड़ा। मोहिल के दो वीर आहड और उसका बेटा अम्बरक चौहानों की ओर से लड़ते-लड़ते शहीद हो गए। फिर भी नागौर मुक्त नहीं हुआ।

इस युद्ध में जाने से कर्पूरी देवी पृथ्वीराज को मना कर रही थीं। भीमदेव ने महाराज सोमेश्वर की धोखे से की हुई हत्या, मुहम्मद गौरी का किया पराभव और पृथ्वीराज की छोटी उम्र इनके बारे में वे सोच-सोच कर चिंतित थी। परंतु पृथ्वीराज हठ कर बैठे तो उनको इजाजत देनी ही पड़ी।

पृथ्वीराज ने माँ के चरण स्पर्श करके, उनका आशीर्वाद लिया। वे नागौर बचाने के लिए निकल पड़े। राजपुत्र जगदेव मन ही मन सोच रहा था, पृथ्वीराज

बच्चे हैं। वे अपना और अपनी सागर जैसी विशाल सेना का क्या मुकाबला करेंगे। वह इसी घमंड में चूर रहा।

खबर मिली कि स्वयं पृथ्वीराज सेना के साथ दिल्ली से निकल पड़े हैं। नागौर में लड़ रहे सैनिकों का हौसला और बढ़ा। वे जगदेव के सैनिकों का और भी जमकर खातमा करने लगे। जगदेव के गुप्तचरों ने उसको भी इस बात से अवगत करवाया। उसने अपने सैनिकों से कहा कि अब निर्णायक युद्ध की शुरुआत होगी।

सैनिक भी जल्द युद्ध समाप्ति की अपेक्षा कर रहे थे। उन्होंने भीमदेव के और वनराज के नामों का जयजयकार किया।

पृथ्वीराज नागौर आकर पहुँचे।

उन्होंने शुरू में अपने चुने सौ हाथी इरावल में भेजे। हरेक हाथी की पीठ पर चार तीरंदाज बैठे थे। उनके तीरों की मार से जगदेव के सैनिक घायल होकर धराशायी होने लगे। एक साथ सौ-सवा सौ सैनिक मरने लगे। एक मिनट में धनुर्धारी तीन-चार बाण छोड़ता था। चार-पाँच सौ सैनिकों का हर मिनट में संहार होने लगा। जगदेव ने उसके क्षितिज हाथी पृथ्वीराज के हाथियों पर छोड़े।

जगदेव के हाथी के सामने आते ही पृथ्वीराज का अश्वदल आगे बढ़ा। वह हाथियों पर तीरों की बौछार करने लगा। जगदेव के योद्धा भी पृथ्वीराज के हाथियों को पीछे पहुँचाने लगे। नतीजा यह हुआ कि पृथ्वीराज के हाथी पीछे भागने लगे। एक बार तो ऐसा लगा कि पृथ्वीराज की सेना अब हार जाएगी।

इस कठिन समय पर पृथ्वीराज की दूसरी सैनिक टुकड़ी आ पहुँची। जिससे उनके सैनिकों का हौसला बढ़ा। जोर-जोर से लड़ाई होने लगी। उस दिन जगदेव की सेना का पलड़ा भारी रहा। सूरज डूबने लगा। रात हुई। युद्ध थम गया।

जगदेव ने दस हजार सैनिक, दो सौ घुड़सवार और पचास हाथी पीछे रखे थे।

दूसरे दिन का युद्ध पहले दिन के युद्ध की अपेक्षा और भी भयंकर था। जगदेव ने पीछे रखे सैनिकों को धीरे-धीरे पृथ्वीराज के चहुँ ओर पासा बुनना आरंभ किया। पासा मजबूत होने लगा और बस दस-पंद्रह मिनट का अवकाश पृथ्वीराज पकड़े ही जाने वाले थे, तब सेनापति कमासा ने इशारा किया। पृथ्वीराज के पीछे रोकी हुई आखिरी टुकड़ी ने हाथी-घोड़ों सहित गुजरात की सेना पर तूफानी आक्रमण किया।

सामने से पृथ्वीराज और पीछे से कामासा का हमला होता देख जगदेव के सैनिक हड़बड़ा गए। उन्होंने हथियार त्याग दिए। हार स्वीकृति का सफेद झंडा

फहराया। पृथ्वीराज और कामासा, अपने खेमे में लौटे। इससे पहले उन्होंने जगदेव के सैनिकों के हथियार छीन लिए।

जगदेव और अर्जुनदेव दोनों को कैद कर लिया गया।

वे दोनों यही समझ रहे थे कि पिता के वध का बदला लेने के लिये पृथ्वीराज उनका सर कलम करवाने का ही आदेश देंगे। उन्होंने मन ही मन इसके लिए अपने को तैयार रखा।

पृथ्वीराज के सामने दोनों को पेश किया गया। पृथ्वीराज ने उनके साथ बहुत ही इन्सानियत का बर्ताव किया। जीत और जेता का-सा फर्क नहीं किया। उनके सामने कुछ शर्तें जरूर रखीं, जो एक स्वाभाविक प्रक्रिया थी। शर्तें ऐसी थीं-

* दिल्ली साम्राज्य का जीता हुआ समूचा प्रदेश लौटाना होगा।
* दिल्ली से खण्डणी स्वरूप वसूली हुई सब धन-दौलत लौटानी होगी।
* युद्ध के कारण चौहान साम्राज्य की जो क्षति हुई है, उसकी पूर्ति करनी पड़ेगी।
* युद्ध खर्च के रूप में एक लाख मोहरें देनी पड़ेंगी।
* हरेक मृत सैनिक के परिवार को पाँच सौ मोहरें देनी होंगी।
* जख्मी सैनिक के परिवार को ढाई सौ मोहरें देनी होंगी।
* मृत हाथी के लिए-पाँच सौ मोहरें देनी पड़ेंगी।
* मृत घोड़े के लिए दो सौ मोहरें देनी पड़ेंगी।
* जरूरत के समय मदद के लिए दस हजार सैनिक भेजने होंगे।

जगदेव ये सभी शर्तें स्वीकृत करता है। पृथ्वीराज जिन्दा रहने का हक प्रदान कर रहे थे। यही बात उसके लिए बहुत महत्त्व रखती थी।

सकुचाते हुए जगदेव ने पृथ्वीराज को विनती की कि वे उसकी बहन नीलोत्तमा को पत्नी के रूप में स्वीकार करें। पृथ्वीराज सहमत तो हो जाते हैं, परंतु अंतिम निर्णय के लिए नीलोत्तमा को राजमाता कर्पूरी देवी के पास भेजने की सलाह दी।

कर्पूरी देवी के सहमत होने पर पृथ्वीराज और नीलोत्तमा का विवाह हो गया।

10. तराइन की पहली लड़ाई

पृथ्वीराज का नीलोत्तमा से विवाह हो गया। फिर भी भीमदेव ने महाराज सोमेश्वर को जिस तरह धोखे से मारा, उसको पृथ्वीराज भूल नहीं पा रहे थे। उनके मन में बदले की आग हमेशा दहकती रहती थी। उसके कुकर्म का फल केवल उसी को देने का पृथ्वीराज का प्रण था। इसीलिए उन्होंने जगदेव की विनती पर बिना झिझके नीलोत्तमा से विवाह कर लिया।

एक दिन 65000 सैनिकों को लेकर पृथ्वीराज ने गुजरात पर आक्रमण कर दिया। भीमदेव हठीला और अभिमानी तो था ही, बहादुर और वीर भी था। उसके गुप्तचर खबर लाए कि महाराज पृथ्वीराज गुजरात पर चढ़ाई करने के लिए निकल पड़े हैं। उसने भी लड़ाई की जमकर तैयारी की और राजधानी पाटन छोड़कर निकल पड़ा।

गुप्तचर पूरी ईमानदारी से उनकी जिम्मेदारी निभा रहे थे। उन्होंने पृथ्वीराज को बताया कि भीमदेव भी युद्ध भूमि की ओर चल पड़े हैं। पृथ्वीराज ने यमुना लांघकर रात में वहीं पर मुक़ाम किया। दूसरे दिन सेना को कूच करने का आदेश मिला।

अगला रास्ता घने जंगल से गुजर रहा था। अचानक जंगल के भीतर से एक भूखा और खूँखार शेर निकल आया। वह सेनापति कान्ह पर झपटा। कान्ह शेर के साथ ही घोड़े की पीठ पर से नीचे गिर पड़े।

मारे डर के सबकी घिग्घी बंध गई। उनको लगा कि बस कान्ह तो अब गए। नीचे गिरते ही कान्ह ने गजब की फुर्ती दिखाई। वे उठकर खड़े हुए। शेर को एक हाथ की बगल में दबाकर दूसरे हाथ से कटार निकालकर उन्होंने शेर का पेट चीर डाला। शेर मर गया।

इस घटना के बाद सेना तेजी से आगे बढ़ने लगी। कान्ह को पूरी सेना का सरसेनापति नियुक्त किया गया। पाटन के समीप पहुँचने पर पृथ्वीराज ने कविराज चंदवरदाई के हाथों एक लाल रंग की पगड़ी और एक चोली भीमदेव को भिजवाई। उद्देश्य यही था कि भीमदेव दोनों में से किसी एक का चयन कर ले।

चन्दवरदाई को और मजाक करने की लहर आई। उन्होंने एक हाथ में कुदाल दूसरे हाथ में अंकुश और त्रिशूल गले में जाल, रस्सी तथा सीढ़ी ली। इसी

विचित्र अवतार में वह भीमदेव के सम्मुख उपस्थित हुआ। उसको देखकर भीमदेव बहुत संतप्त हुआ। उसने सवाल किया,

"यह क्या तमाशा है?"

"तमाशा? मैं आपको समझाता हूँ..."

चन्दवरदाई ने कहना शुरू किया-

"महाराज भीमदेव! आप पानी में छुपे तो महाराज पृथ्वीराज जाल डालकर आपको निकाल लेंगे। आप आसमान में उड़ गए तो इस सीढ़ी पर चढ़कर आपको नीचे खींच लाएंगे। आप पाताल में जा छुपे तो कुदाल से खुदवाकर आपको बाहर निकाल लेंगे। अंधेरे में छुपे तो दीये की ज्योति में खोजकर आपको मार डालेंगे। अंकुश से आप पर नियंत्रण पाकर त्रिशूल से आपका वध कर देंगे...।

मालूम नहीं कैसे भीमदेव ने सब सह लिया, पर उसने दरबारी भाट कवि जगदेव को चंदवरदाई के पीछे लगा दिया। उसने चन्द से कहा-

"तुम्हारी जगह महाराज पृथ्वीराज कान्ह, या कामासा आए होते तो मजा आता।"

इस पर चन्द ने जवाब दिया,

"तुम गलतफहमी में हो। तुम्हारे महाराज ने अब तक सिर्फ छीमी खाई है, मिर्च खानें का मजा तो अब आएगा।"

जंग आरंभ हुई। पृथ्वीराज और भीमदेव का सामना हुआ। वे एक दूसरे को ललकारने लगे। भीमदेव पृथ्वीराज पर घातक वार करने ही वाला था कि कान्ह ने पृथ्वीराज के पीछे से तलवार चलाई। भीमदेव के शरीर के दो टुकड़े हो गए। उसके मरते ही उसकी सेना भाग गई।

पृथ्वीराज के नाम की जय-जय से आसमान भर गया। पाटन में जाकर पृथ्वीराज ने गुजरात के सिंहासन पर राजपुत्र वनराज का राज्याभिषेक करवाया।

वे दिल्ली लौट गए।

लगता था कि पृथ्वीराज को चैन और शांति का जीवन जीने देने की नियति की ही इच्छा नहीं थी। वे एक के बाद एक युद्ध लड़ते ही रहे। लड़ते-लड़ते ही देश की आजादी की रक्षा करते-करते ही स्वर्ग सिधार गए।

मुहम्मद गौरी के गजनी राज्य में भयाण रेतीली और पहाड़ी जमीन का ही अधिकांश भाग था। राज्य चलाने के लिए उसके सामने लूटपाट के सिवा अन्य कोई पर्याय नहीं था। लूटमार के लिए भारत के अलावा सुविधाजनक और कोई देश नहीं था। इसी कारण से उसने पृथ्वीराज के पंजाब में फैले छोटे-छोटे कस्बों पर कब्जा करना शुरू किया।

पृथ्वीराज को जासूसों द्वारा इसकी भनक मिली। तब उन्होंने सेना लेकर पंजाब पर चढ़ाई करने का निश्चय किया। वे गौरी का बंदोबस्त करने निकल पड़े। एक ही झटके में उन्होंने हाँसी, सरस्वती और सरहिंद के किले जीत लिए। तभी खबर आई कि अनहिलवाल में बगावत हुई है। उसकी तह में जाकर छानबीन करने पर एक बात सामने आई कि इस बगावत के पीछे गौरी की ही प्रेरणा है।

पृथ्वीराज ने इस बगावत को दबाने के लिए समरसिंह के नेतृत्व में सेना भेजी। मौके का लाभ उठाकर गौरी ने हाँसी और सरस्वती, इन किलों पर फिर से अधिकार जमा लिया।

रावी नदी के तट पर पृथ्वीराज के सेनापति समरसिंह और मुहम्मद गौरी के बीच युद्ध आरंभ हुआ। कई दिनों तक युद्ध होता रहा। कुछ भी नतीजा नही निकल रहा था। पृथ्वीराज ने स्वयं युद्ध में ध्यान देने की सोची। उन्होंने कमासा के साथ समरसिंह को कहलवाया कि युद्ध शुरू रखे। वे आठ–दस दिनों में मदद के लिए आ रहे हैं।

थानेश्वर के पास वाले सरहिंद किले के निकट तराइन ग्राम की जगह दोनों सेनाएँ आमने–सामने आ गईं। युद्ध का आरंभ ही भयंकर घोषणाबाजी और मार–काट से हुआ।

इस युद्ध में राजपूत सैनिकों के कपड़े पहने एक ऐसी युवती भी थी जो सबकी नजरों से बचकर पृथ्वीराज की सेना के बीच घुसी चली जा रही थी। शायद पृथ्वीराज पर बिल्कुल करीब से वार करने का उस युवती का इरादा था। उसको पता नहीं था कि पृथ्वीराज के आगे–पीछे विचरने वाली दूसरी एक युवती एकाग्रता से उस पर ही नजरें गड़ाए हुई थी। एक तरफ गौरी के सैनिकों को कत्ल करते-करते वह युवती पृथ्वीराज की सुरक्षा का भी पूरा–पूरा ध्यान रख रही थी।

संदेहात्मक पृथ्वीराज के निकट पहुँचते ही उस दूसरी ने तीर चलाकर उसको जहन्नुम भेज दिया।

पृथ्वीराज को इस घटना की खबर ही न थी। वे तो शत्रु सेना का समाचार लेने में व्यस्त थे। परंतु पास ही में लड़ रहे चंदवरदाई ने सब अपनी आँखों से देखा।

जिसको जहन्नुम भेजा गया, वह राजपूत सैनिक के भेस में गौरी का एक जासूस था। कोई पहचान न ले इसलिए उसने वेशांतर किया हुआ था। फिर भी उसकी हलचल संदेहात्मक ही रही। वह अपने आप को छुपा न सका।

और उस जासूस को मौत की नींद सुलाने वाली युवती कौन थी?

वह थी श्यामली! उसने भी भेस बदलकर राजपूती सैनिक के कपड़े पहन रखे थे।

इतिहास के द्वारा उपेक्षित यह श्यामली आखिर थी कौन?

जोबनेर जैसे आम देहात की श्यामली एक अनाथ लड़की थी। बचपन में ही सर के ऊपर से माँ-बाप का छत्र छीन लिया गया। गाँव के लोगों ने अपनी बेटी समझकर उसकी परवरिश की। खेतों की फसलों की रखवाली का काम वह करती थी। तलवार और धनुर्विद्या में उसका-सा सानी अक्खे गाँव में कोई नहीं था।

एक बार आखेट के लिए पृथ्वीराज जोबनेर के जंगल में गए। शिकार मिल नहीं रहा था। वे जंगल से परे निकल गए। वहाँ उन्होंने देखा कि एक कमसिन सुंदरी मचान पर खड़ी रहकर गोफन द्वारा पंछियों को उड़ा रही है। उसी समय पीठ पीछे सूअर की घुर्राहट की आवाज सुनाई दी। मुड़कर देखे बिना ही पृथ्वीराज ने तीर चलाया।

जोर-जोर से पुकारता हुआ वह उसी खेत में प्रविष्ट हुआ जहाँ वह बाला रखवाली कर रही थी। सूअर की आवाज सुनकर उस सुंदरी ने भी तीर चलाया। सूअर मर गया।

पृथ्वीराज शिकार के पास आए, तब वह युवती बोल उठी-

"ठहरिए! आपने इस जानवर को जख्मी कर डाला, परन्तु आपका निशाना ठीक नहीं है। ठीक होता तो यह सूअर हमारे खेत में घुसकर हमारा नुकसान न करता। हमारा जो नुकसान हुआ है वह आपको भरना पड़ेगा..."

पृथ्वीराज ने उसकी पूछताछ की। उसकी इच्छानुसार उसको सेवा की संधि देने के लिए उसको साथ में ले लिया। दिल्ली को ले आए। उनके अंतःपुर में वह गजबाला के नाम से ख्यात हुई। अप्रत्यक्ष रूप से वह पृथ्वीराज के सुरक्षा गार्ड का कर्त्तव्य निभाने लगी। एक बार राजदरबार की नृत्यांगना महाराज से मिलने आई। गजबाला को कुछ संदेह-सा हुआ। कर्नाटकी के यथार्थ स्पष्टीकरण देने के बाद ही उसने उसको महाराज से भेंट करने की इजाजत दी।

ऐसी है यह श्यामली!

तराइन के युद्ध में भेस बदलकर राजपूत सैनिक के कपड़े पहनकर उसने युद्ध भी किया और कमाण्डो की तरह अपने मालिक की रक्षा भी करती रही। युद्ध के समाप्त हो जाने पर चंदवरदाई ने महाराज पृथ्वीराज को यह हकीकत सुनवाई।

तीरों की बरसात हो रही थी। तलवारों की खनखनाहट से वातावरण भयंकर लग रहा था। युद्ध अंतिम छोर पर पहुँच चुका था। पृथ्वीराज के सैनिक यवनों को काट रहे थे। गौरी के सैनिक राजपूतों को मार रहे थे। दिल्ली के गोविन्द राय तोमर ने ऐसा वार किया कि शहाबुद्दीन मुहम्मद गौरी जख्मी होकर घोड़े की पीठ पर से नीचे गिर पड़ा।

आखिर राजपूतों के अतुलनीय शौर्य के आगे मुस्लिम सैनिकों का कोई बस न चला। सुल्तान घायल होकर पड़ा है, यह सब सैनिकों को मालूम नहीं था, फिर भी राजपूतों की मार से हैरान होकर गौरी की सेना भाग निकली। राजपूत सैनिकों ने उनका 40 मील तक पीछा करके उनको दूर-दूर भगा दिया।

शहाबुद्दीन ने कब्जा किया हुआ तवरहिंद का किला, पृथ्वीराज ने पुनः जीत लिया। घायल गौरी राजपूतों के हाथ लगा। उसको पक्की हिफाजत से दिल्ली लाया गया।

यह युद्ध थानेश्वर के करीब तराइन को याने वर्तमान के भटिंडा से नजदीक के तरावड़ी गाँव के समीप हुआ।

यवनों की भागते समय छोड़ी हुई अपार संपत्ति पृथ्वीराज को प्राप्त हुई।

शहाबुद्दीन मुहम्मद गौरी के कंधे से जख्मी होने से बहुत खून बह रहा था। इस तरह कोई हिंदू राजा यवनों के हाथ लगा होता तो उन्होंने उसका सर काटकर भाले की नोक पर लगाकर विजयोन्माद से अपनी सेना के बीच उसका प्रदर्शन किया होता।

पृथ्वीराज ने ऐसा नहीं किया। उन्होंने गौरी के जख्म पर राजवैद्य से उत्तमोत्तम इलाज करवाए। बाद में कर्पूरी देवी के कहने पर गौरी को गजनी भेज दिया। उसके जख्म पर वहाँ भी उपचार होता रहा।

11. अन्य घटनाएँ

पृथ्वीराज आखेट से लौट रहे थे। अचानक रोती हुई एक स्त्री उनके घोड़े के सामने आई। उसके साथ उसकी छोटी बच्ची भी थी। पूछताछ करने पर उसने बताया कि उसका घरवाला चौहान सेना के जासूसी विभाग में है, जिसको महाराज जयचंद राठौर के सैनिक पकड़कर ले गए हैं। उसको डर था कि वे लोग उसके पति को मार डालेंगे।

पृथ्वीराज बड़े भावुक राजा थे। अपनी प्रजा की रक्षा के लिए अपनी जान की बाजी लगाने से भी पीछे न हटने का उनका स्वभाव था। अपनी प्रजा को पीड़ित या दुःख में देखकर वे अस्वस्थ हो जाते। दयालुता और करुणा के अतिरेक के कारण वे कुछ ठोस नीति न अपना सके। इसमें उनका दुःखद अंत हुआ।

उस रोती हुई स्त्री को आश्वस्त करते हुए उन्होंने कहा,

"बहन! तुम निश्चिंत रहो। तुम्हारे पति को कुछ नहीं होगा। महाराज जयचंद के किले से हम उनको सही सलामत निकालकर ले आएंगे। यह पृथ्वीराज चौहान का वादा है।"

उन्होंने उस गुप्तचर की पूरी मालूमात निकाली। महल में जाकर उन्होंने सैनिकी भेस धारण किया। चुनकर केवल दस सैनिकों को साथ लिया। वे ग्यारह जने तेज घोड़े दौड़ाते निकल पड़े। सरहद पार पहुँचते ही वे समझ चुके थे कि महाराज जयचंद की सीमा पर सख्त पहरा लगा हुआ है। उसके भीतर से आवश्यकतानुसार छुपते-छुपाते, पहरेदारों को मारते उन्होंने कन्नौज नगर में प्रवेश किया।

जासूसों ने महाराज जयचंद को खबर दी कि महाराज पृथ्वीराज चौहान भेस बदलकर नगर में दाखिल हो चुके हैं। सबको होशियार रहने की सूचना दी गई।

सपेरे के भेस में अपने साथियों सहित पृथ्वीराज किले तक जा पहुँचे। कारागृह के द्वार पर कड़ा पहरा था। उनके दो साथी साँपों का खेल दिखाने का नाटक करने लगे। पहरेदार तल्लीनता से वह खेल देखने लगे। अवसर पाकर पृथ्वीराज दो साथियों सहित सीधे बंदीगृह के भीतर प्रवेश कर गए। तलवार से उन्होंने अपने गुप्तचर के बंधन तोड़ डाले।

वे बाहर निकलने लगे। पहरेदारों को आशंका हुई। उन्होंने पृथ्वीराज पर हमला करने की कोशिश की। उन्होंने बिजली-सी चपलता से तलवार घुमाई। पहरेदारों के सर कलम करके अपने लोगों को साथ लिए वे बाहर निकल गए।

जयचंद के सैनिकों ने पृथ्वीराज को पहचान लिया। वे खुद की जान बचाने के लिए जिधर रास्ता मिला उधर ही भागने लगे। नागरिकों में भी हलचल मच गई। वे एक-दूसरे को कहने लगे,

"भागो! महाराज पृथ्वीराज आए हैं।"

किसी ने उनको रोकने की हिम्मत नहीं की। रास्ता साफ होता गया। वे आसानी से सीधे बाहर निकल गए। पृथ्वीराज ने बंदी गुप्तचर की पत्नी को दिए हुए आश्वासन की पूर्ति के लिए जान की जोखिम उठाई थी, जिससे उनके मित्र परिवार में और दरबारियों में चिंता की लहर दौड़ गई।

पृथ्वीराज हमेशा खट्टू वन में आखेट को जाते थे। यह तो इससे पहले भी बार-बार आया ही है। वहाँ एक अति रमणीय मन को लुभाने वाला तालाब था। उसमें एक भव्य मूरत खड़ी थी। उसके भाल प्रदेश पर लिखा था-

'सिर कट्टे धन संग्रहै
सिर सजै धन जाई...'

महाराज पृथ्वीराज ने मंत्री कामासा से इसका मतलब पूछा। तब कामासा ने बताया-

"इस इलाके में कुछ बरसों पहले वीर वाहन नाम का राजा था। वह बहुत ही अत्याचारी और धन का लोभी था। अपनी प्रजा पर वह अक्सर जुल्म ढाता। लोगों से वसूला हुआ धन उसने तालाब में मूरत के नीचे गाड़ दिया।

यहाँ से इस धन को निकालना कोई मुश्किल काम नहीं परंतु अकेले में उसके लिए कोशिश करना धोखे को निमंत्रण देने जैसा है। चित्तौड़ नरेश रावल समरसिंह की मदद लेना फायदेमंद रहेगा क्योंकि जिधर देखो उधर हमारे दुश्मन फैले हुए हैं।"

रावल समरसिंह को पृथ्वीराज की छोटी बहन पृथा ब्याही हुई थी। समरसिंह और पृथ्वीराज एक-दूसरे के गहरे दोस्त तो थे ही। नए रिश्ते से वे साला बहनोई के अटूट बंधन में बंध चुके थे। समरसिंह भी एक बहादुर और प्रजाहित दक्ष राजा थे।

पृथ्वीराज को कामासा का परामर्श पसंद आया। उन्होंने खत लेकर चण्डपुण्डीर को चित्तौड़ भेज दिया। पत्र पढ़कर समरसिंह सेना सहित चल पड़े। पृथ्वीराज का मुकाम नागौर गढ़ पर था। दोनों वहीं एक-दूसरे से मिले।

देशद्रोही धर्मायन यह खबर लेकर गजनी की ओर दौड़ा। उसको इस बारे में जितना कुछ मालूम था, उतना सब उसने गौरी को कह डाला। गौरी धन-दौलत का लालची तो था ही, वह सेना लेकर नागौर की ओर निकल पड़ा।

धन कैसे निकाला जाए, इस पर विस्तृत चर्चा हुई। गौरी को और अन्य विरोधकों को रोकने की जिम्मेदारी पृथ्वीराज और समरसिंह पर सौंपी गई। दोनों अपना-अपना मोर्चा संभालने के लिए चले गए। गौरी के गुप्तचर उसको खबरें पहुँचाते रहे। वह धोखेबाजी में अव्वल नम्बर का तो था ही! उसने रास्ता बदल दिया। वह नागौर से आधे कोस पर आकर पहुँचा।

गुप्तचरों के यह खबर लाते ही, समरसिंह ने धन की रक्षा का भार कामासा को सौंपा। वे खुद गौरी का समाचार लेने निकल पड़े।

राजपूत और यवन सेनाओं के बीच युद्ध शुरू हुआ।

ग्यारह दिन हो गए। युद्ध का कोई निर्णय नहीं लग रहा था। बारहवें दिन राजपूत सेना पीछे हटने लगी। यह देख पृथ्वीराज और समरसिंह हाथी पर से उतरकर घोड़ों पर सवार हुए। वे तलवारों से यवनों के सर काटते चले गए। अब भागने की बारी गौरी की सेना की थी। गौरी ने उनको भाषण द्वारा उत्साहित करना चाहा।

पृथ्वीराज ने कान्ह को युद्ध में उतारा। उन्होंने पहले ही झटके में खुरासान खान के भाई को मार डाला। बाद में यवन सेना में हाहाकार मचा दिया। उन्होंने गौरी के पाँच बड़े सरदारों को मार गिराया। चामुण्डराय बलभद्र, पीपा परिहार, निड्ढुर राय की सहायता से पृथ्वीराज ने गौरी को घेर लिया। यवन सेना भाग गई। गौरी को कैद कर लिया गया। उसको साथ लेकर पृथ्वीराज दिल्ली आए। गौरी को बंदीगृह में रखा गया।

गजनी के प्रधानमंत्री ने लोरकराय खत्री के साथ सिंहल द्वीप का श्रृंगारहार-एक अति विशालकाय हाथी-जो कि सात हाथ ऊँचा, नौ हाथ लंबा, दस हाथ मोटा था-तीस हजार घोड़े दंड स्वरूप भेज दिए। इसके बदले अपने स्वामी शहाबुद्दीन गौरी को दिल्ली की कैद से छुड़ा ले गया।

पृथ्वीराज दिल्ली से फिर खट्टू वन में पहुँचे। धन निकालने की प्रक्रिया शुरू की गई। खजाना हाथ आते ही खोला गया। उसमें से एक भयानक विकराल साँप फुफकारता हुआ बाहर आया। चन्दवरदाई ने बड़ी चतुराई से उसको पकड़कर घने जंगल में ले जाकर छोड़ दिया।

खजाने से जो धन बरामद हुआ उसमें से आधा पृथ्वीराज ने सरदारों में बांट दिया। उर्वरित आधा साम्राज्य के राजकोष में जमा करा दिया। समरसिंह ने हिस्सा लेने से इन्कार कर दिया। वह अपनी सेना लेकर चित्तौड़ लौट गया।

मुहम्मद गौरी पृथ्वीराज से हमेशा ही वैर रखता था। उनकी दिन-ब-दिन बढ़ती कीर्ति के कारण वह उनसे नफरत करता था। किसी भी तरह एक बार दिल्ली पर कब्जा करने की धुन उसके दिमाग पर सवार थी। ऐसा होने पर अनगिनत संपत्ति तो मिल ही सकती थी, बावजूद इसके इस्लाम का प्रचार-प्रसार करने में भी आसानी होने वाली थी। इसीलिए हर बार पराजित होते हुए भी भारत पर आक्रमण करते रहने से वह बाज नहीं आ रहा था।

भारतीय राजपूतों की कमजोरी का धूर्त गौरी ने पूरा-पूरा अभ्यास किया था। शरणागत कट्टर दुश्मन को भी आसरा देने की या क्षमा करने की राजपूत राजाओं की परंपरा। इसका उनको बड़ा भूषण! उनकी इसी परंपरा ने उनका विनाश किया। वह उनकी मूर्खता सिद्ध हुई। उस पर से उन्होंने कभी कोई बोध नहीं लिया। उनके दुश्मनों ने हमेशा इसका पूरा-पूरा लाभ उठांया।

हिन्दुस्तान में मुँह की खाकर गजनी वापिस गया कि शहाबुद्दीन अगले आक्रमण की तैयारी में लग जाता। रात-दिन पृथ्वीराज को शिकस्त देने के विचार के अलावा उसको और कुछ सूझता ही नहीं था। उसका मानो यह धंधा ही हो बैठा था। पकड़े जाने पर झूठी कसम खाना, हाथ पैर जोड़ना, क्षमा याचना मांगना, किया हुआ दंड दे देना, इसकी उसको आदत-सी हो गई थी।

हालांकि तराइन के पहले युद्ध के बाद वह जब पकड़ा गया तब ही उसके बारे में दूरदर्शी से निर्णय लिया जाता, तो शहाबुद्दीन महमूद गौरी के नाम का इतिहास वहीं समाप्त हो जाता किंतु नियति को कुछ अलग ही मंजूर था।

विक्रम संवत् 1140, चैत्र वध 11 रविवार।

एक लाख भूदल और अश्वदल, तीन हजार हाथी और चार हजार धनुर्धारी इतनी सेना लेकर गौरी ने भारत पर फिर से आक्रमण किया। उसने सिंधु नदी लाँघी। पारसपुर में उसकी सेना ने पड़ाव डाला। वहीं उसके दोनों जासूस धर्मायन और अरदास का पत्र मिला। उन्होंने लिखा था-

"पृथ्वीराज शिकार के लिए खट्टू वन में गए हैं। उनके साथ इतना लाव-लश्कर है कि मारे डर के देखने वाले का हृदय बड़ी जोर से धड़कने लगता है। मालवा और गुजरात भी उनका सामना नहीं कर सकेंगे। वैसे उनसे किसी को कोई पीड़ा नहीं।"

पत्र पढ़कर गौरी का कलेजा धक्-धक् करने लगा। वह सोचने लगा कि इस समय पृथ्वीराज से युद्ध करना क्षतिप्रद होगा। परंतु उसके सरदारों ने उसको उकसाया। उत्साह दिलाया। उनका कहा सुनकर वह आगे बढ़ा।

गुप्तचरों ने पृथ्वीराज को यह खबर सुनाई। उन्होंने कामासा और चामुण्डराय को आदेश दिया कि जाकर गौरी को ठिकाने लगा दो। सैन्य को सज्ज रहने की सूचना मिली।

सेना के साथ कैमासा, चामुण्डराय, लंगरी राय, गोईन्द राय, कान्ह, जैतसी पवार-परमार, नरसिंह, हरसिंह, रामराय बडगुजर, कनकराम सोलंखी, निड्ढुरराय, कमधुज्ज, वीरसिंह बघेला आदि सेनापति चल दिए। सैनिक संख्या थी करीबन 60 हजार।

मुहम्मद गौरी ने अपना पड़ाव उठाया। वह पारसपुर से आगे बढ़ा। उसने अगला पड़ाव लाडून में डाला। कैमासा ने अपनी सेना का पड़ाव पचोसर को डाला।

अपने सेनापतियों को युद्ध के लिए भेज देने से पृथ्वीराज का मन शिकार में नहीं लगा। वे आखेट का कार्यक्रम आधा ही छोड़कर निकले और युद्धस्थल पर जा पहुँचे। लड़ाई शुरू हुई। राजपूत सैनिक यवन सैनिकों को काटते तेजी से गौरी के पास पहुँचे। परंतु उसी समय इधर यवन सैनिकों ने पृथ्वीराज को घेर लिया। यह चामुण्डराय ने देखा तो यवनों का भयानक संहार करते हुए वे पृथ्वीराज के पास आ गए। उन्होंने अपने राजा को तो मौत के मुँह से बाहर निकाला मगर खुद यवनों के घेरे में फंस गए।

एक अकेले चामुण्डराय हजारों यवन सैनिकों के बीच घिर गए। वे कब तक लड़ पाते। लाल खां, मारूक खां, हसन खां और याकूब खां आदि यवन वीरों ने उनको घेरकर उन पर आघात करने का प्रयास किया। उनके शरीर पर कई घाव लगे। फिर भी उन्होंने हार नहीं मानी।

उन्होंने मारूक खान, हसन खान और याकूब खां को मार डाला। बाद में लाल खां के अश्व को भी मार डाला। उसकी गर्दन पकड़कर उसको भी धरती पर पटक दिया। वे उसकी छाती पर खड़े हो गए। वह छटपटाने लगा, तब उन्होंने लाल खां का सर धड़ से अलग कर दिया।

अब कैमासा भी उनकी सहायता के लिए आ गए। दोनों ने यवन सेना में हड़बड़ी मचा दी। यवनों की मानसिक स्थिति डाँवाडोल होने लगी। यह देखकर हाथी पर बैठ स्वयं गौरी सामने आया। उसको सामने पाते ही कैमासा और चामुण्डराय् घोड़ों पर सवार होकर उसकी तरफ लपके। दोनों ने अपनी-अपनी तलवारों से उस हाथी की सूँड पर वार किया जिस पर गौरी बैठा था। सूँड कट जाने से भयंकर चिंघाड़ता हुआ वह हाथी जमीन पर लोटने लगा। उसके साथ ही गौरी भी नीचे गिर पड़ा।

कैमासा ने घोड़े से कूदकर गौरी के हाथ पकड़ लिए। उसको घोड़े पर लादकर पृथ्वीराज के सामने लाकर खड़ा कर दिया। उसकी सेना भाग गई। उसको कड़े बंदोबस्त में दिल्ली भिजवा दिया गया।

बाद में शिक्षा स्वरूप 12 हाथी और एक हजार घोड़े लेकर उसको मुक्त किया।

खोखण्डपुर का राजा बालुकाराय महाराज जयचंद राठौड़ का भाई था। उसकी सलाह पर जयचंद ने राजसूय यज्ञ की तैयारी की। उन्होंने सब राजाओं को यज्ञ का निमंत्रण भेजा। दूत के जरिए पृथ्वीराज को कहलवाया कि आप अजमेर का राज्य संभालो। दिल्ली का आधा राज हमारे हवाले कर दो।

दूत के मुँह से यह सुनकर पृथ्वीराज की ओर से गोविंदराज ने कहा,

"सतयुग में राजा बली ने राजसूय यज्ञ किया था। त्रेता युग में राजा रघु ने राजसूय यज्ञ किया था। द्वापर युग में राजा युधिष्ठिर ने यह यज्ञ किया था। कलियुग में एक भी ऐसा बहादुर राजा नहीं, जो बिना किसी रुकावट के इस यज्ञ की पूर्ति कर सकेगा। सम्राट पृथ्वीराज चौहान के रहते किसी अन्य राजा ने राजसूय यज्ञ की कल्पना करना भी गलत है..."

दूत कन्नौज को लौटा। उसने जयचंद को सब स्पष्ट सुनाया। सुनकर महाराज जयचंद का क्रोधित होना आवश्यक ही था क्योंकि उनका स्वभाव ही गरम था। उन्होंने यज्ञ शुरू कर दिया।

इधर पृथ्वीराज ने महाराज जयचंद राठौड़ का राजसूय यज्ञ ध्वस्त करने की प्रतिज्ञा की। उन्होंने तजुर्बेकार कैमासा की सलाह पूछी। उस पर कैमासा ने कहा,

"एक ही रास्ता है। खोखण्डपुर का राजा बालुकाराय महाराज जयचंद का भाई तो है ही। उस पर आक्रमण करके उसको मार दिया तो सूतक का अशुभ पर्व शुरू हो जाएगा। जिससे यज्ञ अपने आप भंग होगा। भाई की मौत के बाद वे यज्ञ शुरू नहीं रख सकेंगे..."

सेना को प्रस्थान का आदेश मिला। सैन्य के हरावल में, निड्ढुर राय थे। कान्ह को सरसेनापति नियुक्त कर दिया गया। उनके पीछे बलिभद्रराय और पृथ्वीराज थे। दोनों सेनाओं में घमासान लड़ाई लड़ी गई। बालुकाराय पृथ्वीराज तक पहुँचा। तब उन्होंने उसके हाथी को मार डाला। कान्ह ने आगे बढ़कर उसका सर धड़ से अलग कर दिया। उसके स्वर्ग सिधारते ही खुरासान खान की मुस्लिम सेना लड़नें सामने आई। शाम हो जाने से युद्ध रोकने का बिगुल बज उठा। रात भर के लिए युद्ध थम गया।

दूसरे दिन फिर लड़ाई आरंभ हुई। अंत में पृथ्वीराज की ही विजय हुई।

बालुकाराय की राजधानी लूटकर पृथ्वीराज की सेना दिल्ली वापिस आई।

बालुकाराय की पत्नी खोखण्डपुर के कुछ नगरवासियों को साथ में लेकर रोती-बिलबिलाती कन्नौज पहुँची। उसने सब हकीकत महाराज जयचंद को सुनाई। उन्होंने आरंभ किया हुआ राजसूय यज्ञ तुरन्त बन्द करवाया।

महाराज जयचंद ने पृथ्वीराज को पकड़ने के लिए उन पर चढ़ाई करनी चाही। परंतु उनकी पत्नी जुन्हाई ने विरोध किया क्योंकि संयोगिता के स्वयंवर की तारीख भी करीब आ गई थी। पत्नी की सलाह उन्होंने मान ली।

जयचंद को दुर्बुद्धि हुई। उन्होंने गौरी की ओर दूत भेजा। उसके द्वारा कहलवाया कि अबकी जब भी वह पृथ्वीराज के खिलाफ अभियान छोड़ेगा वे उसको सभी प्रकार का पूरा-पूरा सहयोग देंगे।

उनके इस आश्वासन पर गौरी को खुश होना ही था।

12. पृथ्वीराज के विवाह

पुराने समय में द्विभार्या प्रतिबंधक कानून के सरीखा कोई कानून अमल में नहीं था। इसलिए हरेक को अपनी-अपनी क्षमता के अनुरूप एक से अधिक विवाह करने की मोहलत थी। राजा-महाराजा तो कोठे में गौ-बकरियाँ रखी जाने की तरह अपने जनानखाने में कई औरतों को दबा रखते थे। इसको वे भूषण मानते और अपना बड़प्पन समझते।

सम्राट पृथ्वीराज चौहान की भी कई पत्नियाँ थीं। पिछले पन्नों में उनकी सूची भी दी है। उनमें से कुछ का परिचय यहाँ कर लेना है-

शशिव्रत्ता:-

कुछ समय पहले महामंत्री के समझाने पर पृथ्वीराज ने महाराज जयचंद से निर्णायक युद्ध करने का फैसला प्रलंबित कर दिया था। परंतु उनके मन में सुडाग्नि की जो ज्वाला दहक रही थी वह तनिक भी कम नहीं हुई थी। इसी का नतीजा थी, शशिव्रत्ता विवाह की घटना-

देवगिरी के राजा भानुसिंह-अलौकिक सौंदर्य की स्वामिनी कन्या थी शशिव्रत्ता। पृथ्वीराज के शौर्य की बातें सुन-सुनकर वह बहुत ही प्रभावित हुई। मन ही मन में वह पृथ्वीराज से प्यार करने लगी। इधर भानुसिंह ने उसकी सगाई जयचंद के छोटे भाई वीरसिंह से पक्की कर दी। यह खबर पृथ्वीराज को मिली। उसकी सगाई अन्यत्र होती तो पृथ्वीराज को उससे कुछ लेना-देना न था। पर जन्मजात बैरी के भाई के साथ सगाई...?

"हम यह नहीं होने देंगे!" पृथ्वीराज ने प्रतिज्ञा की।

वे सेना लेकर देवगिरी पहुँचे। जयचंद भी अपनी सेना के साथ पधारे। दोनों सेनाएँ एक स्थान पर आने के बाद युद्ध होना तो अटल था। पूजा के बहाने शशिव्रत्ता मंदिर में आई। सरदार और सेनापतियों के कहने पर पृथ्वीराज ने उसको अपने घोड़े पर बैठाया और दिल्ली की ओर चल दिए।

इस युद्ध में स्वयं पृथ्वीराज भी जख्मी हो गए। राजवैद्य ने एक महीना उपचार करके उनको दुरुस्त किया।

देवगिरी के करीब चौहान और राठौर सैन्य में घमासान युद्ध हुआ। कान्ह ने वीरसिंह को मार डाला। जयचंद के सैनिक उसकी मार से घबरा गए। दूसरे दिन लड़ाई फिर जारी रही। निड्डुर राय ने जयचंद की सेना को भगा दिया।

दाहिमाराज कन्या-

मेवात इलाके से खबर मिली कि भदानकों ने सत्ता के विरुद्ध बगावत करके जिस विभाग में लूटमारी शुरू कर दी है। उनका मुख्य स्थान था बयाना दुर्ग। पृथ्वीराज सेना लेकर उस बगावत को दबाने निकल पड़े। डरकर बगावत करने वाले भाग खड़े हुए। दुर्ग पृथ्वीराज के कब्जे में आ गया। वहाँ की व्यवस्था दाहिमाराज को सौंपकर पृथ्वीराज नारमौल और भटिंडा तक आगे बढ़े।

बयाना दुर्ग का शासनाधिकार प्राप्त होने से पृथ्वीराज के बारे में दाहिमाराज के मन में विशेष स्वामीभक्ति पनपी। कृतज्ञ होकर उसने दो में से एक बेटी का पृथ्वीराज से ब्याह कर दिया।

इन्द्रावती

उज्जैन के राजा का नाम भी भीमदेव ही था। इन्द्रावती नाम की उसकी एक सुंदर लड़की थी। वह विवाह योग्य होने पर भीमदेव ने उसकी सगाई का नारियल राजपुरोहित के हाथों पृथ्वीराज को भेज दिया। उस समय पृथ्वीराज मालवा की सीमा पर आखेट के लिए गए हुए थे। उन्होंने खुशी से टीके के नारियल को स्वीकार किया। विवाह का मुहूर्त निकाला गया। तैयारियाँ आरंभ हुईं।

चित्तौड़ नरेश का अचानक बुलावा गया। खुद के विवाह से अधिक पृथ्वीराज के लिए रावल समरसिंह का बुलावा महत्त्व रखता था। उन्होंने अपनी तलवार पज्जूनराय कछवाह को दी। एक छोटी सैनिक टुकड़ी के साथ उन्हें उज्जैन भेजा। गुजरात की सेना ने चित्तौड़ पर आक्रमण कर दिया था।

पृथ्वीराज ने गुजरात की फौज पर चढ़ाई की। घबराई हुई सोलंकी सेना भाग गई। पृथ्वीराज सो रहे थे कि गुजरात की सेना ने लौटकर रात में हमला कर दिया। पृथ्वीराज की सेना में खलबली मच गई। मीर हुसैन के पुत्र ने गुजरात की सेना को परास्त किया। उनके 30,000 सैनिकों में से केवल 30 सैनिक अपनी जान बचा पाए।

मीर हुसैन के लड़के को पृथ्वीराज ने गौरी के हवाले किया था। वह एक माह और पाँच दिन गजनी में था। उसको पता चला कि मीर हुसैन का बदला लेने के लिए उसको गौरी धोखे से मरवाना चाहता है। वह गजनी से चुपके से भागकर पृथ्वीराज के आश्रय में आ गया। उन्होंने उसको अपनी सेना में भर्ती कर लिया।

समरसिंह और पृथ्वीराज अपनी-अपनी राजधानियों को लौट गए।

उधर पज्जून राय पृथ्वीराज की तलवार लेकर उज्जैन को पहुँचा। ब्याह का मुहूर्त निकल न जाए इसलिए इन्द्रावती का विवाह पृथ्वीराज की तलवार से लगा देने का उसने सूचित किया। भीमदेव इसको राजी नहीं था।

पज्जून राय ने अपनी सैनिक टुकड़ी के साथ उज्जैन को घेर लिया। भीमदेव की गौएं उन्होंने कब्जे में ले लीं। संतप्त भीमदेव लड़ने आया। पज्जून राय ने उसको पकड़कर कैद किया। तब वह इन्द्रावती का विवाह पृथ्वीराज की तलवार से लगा देने को सहमत हुआ।

पृथ्वीराज की राजरानी की हैसियत से इन्द्रावती का दिल्ली के राजमहल में प्रवेश हुआ।

हंसावती-

रणथम्भौर नरेश भानुराय की हंसावती नाम की कन्या थी। उसके सौंदर्य की चहुँ ओर चर्चा थी। चन्देरी राज पंचाइन उससे विवाह करने को उत्सुक था। उसने भानुराय को चेतावनी दी कि हंसावती का विवाह उसके साथ कर दे, वरना वह रणथम्भौर का राज्य जीत लेगा।

यह संदेश मिलने पर भानुराय संतप्त हुआ। उसने उलटे संदेश भिजवाया कि वह भी एक क्षत्रीय राजपूत है और किसी क्षत्रिय का राज्य जीत लेना कोई मामूली खेल नहीं।

पंचाइन ने रणथम्भौर पर चढ़ाई कर दी। भानुराय ने खुद की सैनिक तैयारी के साथ ही पृथ्वीराज को पूरे विवरण सहित खत लिखा और मदद करने की विनती की। खत प्राप्त होते ही पृथ्वीराज सेना लेकर रणथम्भौर की ओर निकल पड़े। उन्होंने कान्ह को रावल समरसिंह की तरफ चित्तौड़ भेजा। समरसिंह को तुरन्त मदद को आने को सूचित किया। वे संदेश पाते ही आ गए। चंदेरी नरेश पंचाइन ने भी मदद के लिए गौरी की यवन सेना मंगाई।

रणथम्भौर में दोनों सेनाओं का सामना हुआ। लड़ाई शुरू हुई। अवसर पाकर समरसिंह के भाई अमरसिंह ने पंचाइन का सर धड़ से अलग कर दिया।

हंसावती को प्राप्त करने के लालच ने पंचाइन के प्राण हरण कर लिए। राजा मर गया। सैनिकों को युद्ध करने का कारण ही नहीं रहा। वे लड़ते भी तो क्यों और किसके खातिर? चन्देरी की सेना रणांगण छोड़कर भाग गई।

भानुराय ने प्रसन्न होकर हंसावती पृथ्वीराज को ब्याह दी।

थोड़े से सैनिकों को साथ लेकर पृथ्वीराज और समरसिंह दोनों साला बहनोई आखेट के लिए माण्डलग्ढ़ की तरफ गए। यह खबर पंचाइन के पुत्र सारंगदेव को मिली। अपने पिता की हत्या का बदला चुकाने का उसने निश्चय किया। पृथ्वीराज और समरसिंह को उसने मण्डलगढ़ पर भोजन का निमंत्रण दिया।

वे दोनों किले में भोजन करने बैठते ही अचानक किले के सब दरवाजे बंद किए गए। धोखा समझकर दोनों ने अपनी तलवारें म्यान से बाहर खींचीं। सारंगदेव हाडा सरकार के सैनिक उनके सम्मुख खड़े थे।

किले के बाहर पृथ्वीराज के जो सैनिक थे उनको वहाँ की गतिविधियाँ कुछ संदेहात्मक-सी लगीं। रामराय बडगुजर के नेतृत्व में उन्होंने गढ़ पर हमला कर दिया। किले की अभेद्य मजबूत दीवार के पास आते ही रामराय हाथी की पीठ पर चढ़े। हाथ में म्यान रहित नंगी तलवार लेकर वे भीतर कूद पड़े। उनकी देखा-देखी हजारों वीर उसी तरीके से किले में उतर गए। गढ़ के अंदर ही युद्ध छिड़ गया। इस युद्ध में पज्जूनराय का बेटा बड़ी बहादुरी से लड़ा। उसने सारंगदेव के हजारों सैनिकों को मार डाला।

इधर मीर हुसैन के लड़कों ने सारंगदेव की बहन को घेरने की कोशिश की। समरसिंह ने उसको फटकारते हुए समझाया कि किसी महिला को अपनी बहादुरी दिखलाना ठीक नहीं। उस कन्या को छोड़ दो। वरना तुम्हारे बारे में मुझे और कोई विचार करना पड़ेगा।

मजबूरन मीर को उनका कहना सुनना पड़ा।

उनके इस सदाचार के बर्ताव से सारंगदेव बहुत प्रभावित हुआ। उसने समरसिंह से उसकी बहन का विवाह कर दिया। दहेज में उसने मण्डल गढ़ भी बहनाई को दे डाला।

जैसा कि अन्यत्र देखा जाता है, दिल्ली दरबार में भी कुछ लोग आपस में द्वेष, मत्सर आदि के शिकार थे। चण्डपुण्डीर पृथ्वीराज के मित्र थे। परंतु चामुण्डराय के बारे में उनके मन में कभी-कभी असूया जाग उठती थी।

पृथ्वीराज को गौरी से श्रृंगारहार नाम का जो प्रचंड हाथी मिला था, वह किले में मजबूत श्रृंखलाओं से बंधा रहता था। आषाढ़ का महीना था। बरसात की बूंदें टपकने लगीं। उस हाथी ने साँखल तोड़ डाली। वह बाहर निकल आया। उसको पकड़ने की कोशिश नाकामयाब रही। उसने रास्ते में चलते आतंक छा डाला।

वह एक संकरी गली में प्रविष्ट हुआ। सामने से चामुण्डराय चले आ रहे थे। हाथी उनको देखकर मारे गुस्से के कितनी ही जोर से चिंघाड़ा। चामुण्डराय सचेत हुए। उन्होंने तलवार म्यान रहित की। हाथी की सूँड पर ऐसा जमकर वार किया कि वह वहीं ढेर हो गया।

चामुण्डराय के हाथों श्रृंगारहार के मारे जाने की खबर सबसे पहले चण्डपुण्डीर ने महाराज पृथ्वीराज चौहान को दी। उन्होंने आगा देखा न पीछा चामुण्डराय को उनका कहना मानने का भी मौका नहीं दिया। उनको तुरन्त लोहे की बेड़ियाँ पहनाकर कैद में दारू देने का हुक्म फरमाया। राजाज्ञा का पालन करते हुए चामुण्डराय ने कुछ कहे बिना अपने ही हाथों खुद के पैरों में लोहे की मोटी-मोटी भारी बेड़ियाँ पहन लीं और कैद का जीवन स्वीकारा।

कुल मिलाकर पृथ्वीराज पर बड़ा तनाव पड़ा।

मन बहलाव के लिए दिल्ली की सुरक्षा की जिम्मेदारी कैमासा पर डालकर पृथ्वीराज दुर्गा वन में आखेट के लिए चल दिए।

कर्नाटकी...?

कुछ समय पहले पृथ्वीराज ने कर्नाटक पर आक्रमण किया था। पराभूत राजा ने उनको कर्नाटकी नाम की एक अत्यधिक सुंदर नृत्यांगना भेंट दी। वे उसको दिल्ली ले आए। नाच-गानों में उसको और निपुण करने के लिए उन्होंने कल्हण नाम की नर्तकी नियुक्त की। उसने पर्याप्त ज्ञान प्राप्ति में तरक्की कर लेने पर उसको राजनर्तकी का खिताब देकर राजमहल में रखा।

रूप-श्रृंगार में कर्नाटकी किसी अप्सरा से भी बढ़कर थी।

अपने सौंदर्य के बल पर पृथ्वीराज को आकर्षित करके वह अपने स्त्रित्व की पूर्ती कर लेना चाहती थी। किन्तु श्यामली की अखंड सतर्कता के कारण वह अपने मन की योजना को मूर्त रूप न दे सकी। पृथ्वीराज के लिए उसने कन्नौज दरबार में जासूसी भी की।

कर्नाटकी ने तहे दिल से उसका जीवन पृथ्वीराज के चरणों में समर्पित किया था। कई बार खुद को धोखे में डालकर वह पृथ्वीराज को गुप्त खबरें देती रही। बारीकी से देखा जाए तो कर्नाटकी के न होने पर पृथ्वीराज इतनी आसानी से संयोगिता का अपहरण ही नहीं कर पाते।

जयचंद राठौड़ की तरफ कर्नाटकी भागकर गई थी, ऐसा कहा जाता है, जो ठीक नहीं। वह पृथ्वीराज की और कर्नाटकी की चाल थी। उसको पृथ्वीराज ने ही कन्नौज भेजा था। उसने झूठी अफवाह फैला दी कि वह दिल्ली दरबार से भागकर आई है।

महाराज जयचंद राठौर तनया संयोगिता के स्वयंवर की घड़ी नजदीक आ रही थी। उसके सौंदर्य की चर्चा चारों तरफ फैली हुई थी। पृथ्वीराज ने भी सुन रखा था। इसीलिए पृथ्वीराज ने कर्नाटकी को कन्नौज भेजा था।

कर्नाटकी केवल सौंदर्यवती ही नहीं थी, वह अत्यंत चतुर और दूर दृष्टिवाली भी थी। उसने ऐसी चाल चली कि पृथ्वीराज और संयोगिता एक-दूसरे को देखे बिना ही ऐसे अटूट प्रेम बंधन में बंध गए। कर्नाटकी ने खुद पृथ्वीराज के मन में स्थान पाने की कोशिश की, जो उसके अंत तक पूरी न हो सकी।

13. संयोगिता हरण

जयचंद राठौर और पृथ्वीराज चौहान में दिल्ली की सत्ता को लेकर पहले ही विवाद था। समय-समय पर कुछ ऐसी घटनाएँ होती रहीं जिनके कारण विरोध कम होने की बजाय बढ़ता ही गया। दोनों ही राजपूत पक्के जिद्दी थे, कोई समझदारी से पीछे हट लेने को तैयार नहीं था। उनमें समझौता कराकर उनका संघर्ष मिटाने का प्रयास किसी ने नहीं किया। हरेक ने अंगार में तेल उड़ेलकर उसको सिर्फ बढ़ाने की कोशिश की।

जयचंद को लड़का नहीं था। संयोगिता उनकी इकलौती लाड़ली संतान थी। बेजोड़ सौंदर्यवती। पिता की ही तरह हठीली, मगरूर, कुछ-कुछ घमंडी भी थी।

कर्नाटकी की वजह से पृथ्वीराज और संयोगिता एक-दूसरे को प्यार करने लगे। संयोगिता ने तो प्रतिज्ञा कर डाली, विवाह करूंगी तो पृथ्वीराज से, वरना कुंवारी ही मर जाऊँगी। जयचंद बहुत बड़े धर्म संकट में फंसे। वे भला बेटी की बात कैसे स्वीकार करते? इसीलिए उन्होंने एक अकल लड़ाई। संयोगिता का स्वयंवर रचाने की घोषणा कर डाली। उसके लिए सिर्फ एक शर्त रखी-स्वयंवर मण्डप में राजकुमारी जिस राजा के या राजकुमार के गले में वरमाला पहनाएगी उसी के साथ उसका विवाह कर दिया जाएगा।

सबको स्वयंवर के निमंत्रण भेजे गए। सिर्फ एक राजा को टाल दिया। उनको निमंत्रण नहीं भेजा गया। वे राजा थे दिल्लीपति पृथ्वीराज चौहान! संयोगिता के असली प्रेमी!

इससे जैसे महाराज जयचंद को तसल्ली नहीं हुई। पृथ्वीराज को ज्यादा से ज्यादा अपमानित करने के उद्देश्य से उन्होंने उनका पूर्णाकृति पुतला बनवाया। पुतले के हाथ में पहरेदारों की तरह बरछा दिया। कमर में तलवार नहीं लगाने दी। उसी पुतले को स्वयंवर मण्डप के द्वार पर खड़ा किया जिससे आने-जाने वाले यही समझें कि पहरेदार पहरा दे रहा है।

पृथ्वीराज को कौन नहीं पहचानता था? देखने वालों को यह सब कुछ अजीब-सा लगा। किसी को थोड़े ही पता था कि संयोगिता पृथ्वीराज से प्यार करती है।

कर्नाटकी ने वहाँ की सब खबरें पृथ्वीराज को बता दीं।

पृथ्वीराज ने चन्दवरदाई को पूछा कि अब क्या करें? चंद ने उनको चिढ़ाने के लिए कहा-

"जाकर महाराज जयचंद से कहो कि तुम राजकुमारी संयोगिता से विवाह करना चाहते हो।"

"चन्द! महाराज जयचंद की कमर में दो तलवारों वाली म्यान लटकी रहती है, जानते हो ना?" हंसकर पृथ्वीराज ने कहा।

"माफ कीजिए महाराज, दुश्मन की कन्या आसानी से तो मिल नहीं सकेगी। उसका हरण ही करना होगा।" गंभीरता से चंदवरदाई ने कहा।

पृथ्वीराज खुल्लमखुल्ला जाते तो बहुत बड़ी गड़बड़ हो जाती, इसीलिए भेस बदलकर चंदवरदाई के नौकर की हैसियत से कन्नौज को जाने का निर्णय हुआ। पृथ्वीराज बने चन्द के पनवाड़ी। मतलब जब भी मालिक को जरूरत होगी पान का बीड़ा करके खिलाने वाला।

पृथ्वीराज ने 1100 सैनिक और 106 सामन्तों का चुनाव किया। सामन्तों में प्रमुख थे-

कान्ह, जैन प्रसार मंत्री, पजवनराय कछवाह, उनके भाई और पुत्र, गोविंदराय गहलौत, संगरीराव, रणधीर, परमार, प्रसंगराय खीची, नड्ढुर राय कमधज, रामराय बडगुजर, नरसिंह दायमा (कैमासा का भाई), वीरसिंह चौहान, हरि सिंह सारंगराय चालुक्य, बीझराज, नागरराय गौर, रुपराय दाहिमा, मोहाराय चन्देल, नरसिंह मोहिल, धनुराय पुण्डीर, पहारराय तोमर, खेतासंगार, जजोमुक्तिका, भोजराज यादव, सादलराय मौर्य, ठंठरीराय टांक चौहान, पियापडिहार उचलेशरा खीची, नाहरराव परिहार, मंडोरचा, भीमसिंह मौर्य, तेलंगराय डोडिया, प्रचलेश भाटी, चंद्रमेन पडिहार, विजयराज वडगुजर, हाहुलीराय हमीर-जम्मू का, पंचायत चौहान, लोहान, चण्डपुण्डीर, योगिनराय, साखजासूर, अत्ताताई हमीर हाडा, नरसिंह कमकराय बडगुजर, अल्लहन सजख परमार, जंघर भीमी चंदवरदाई और गुरु रामदास आदि।

कन्नौज में कैक राजे-महाराजे, राजकुमार, उनके सरदार, रक्षक आदि की चहल-पहल थी। इसकी वजह से पृथ्वीराज और उनके लोगों की ओर किसी ने ध्यान नहीं दिया। ऊपर से उन्होंने बहुत अच्छा भेस बदला हुआ था।

राजा जयचंद कला प्रेमी थे इसीलिए संगीतज्ञ तथा नृत्य विशारद कर्नाटकी को राजमहल में आश्रय दिया था। वैसे ही पृथ्वीराज को नहीं पर उनको जलाने के लिए चंदवरदाई को स्वयंवर का निमंत्रण अवश्य दिया। इसमें उनका यही कुटिल दांव था कि पृथ्वीराज को कनिष्ठ समझकर उनका उपमर्द करें।

अपने सरदार और सेनाबल सहित पृथ्वीराज कन्नौज की सीमा में दाखिल हुए। रात हो रही थी। सबको आराम की जरूरत महसूस हुई। उन्होंने एक जगह पड़ाव डाला। दो-चार लोग पहरा देने लगे। बाकी निश्चिंत होकर सो गए।

लौकिकार्थ से संयोगिता कन्नौज नरेश महाराज जयचंद राठौर की पुत्री थी। बहत सुंदर थी। माँ-बाप की लाड़ली थी। इसके अलावा और कुछ नहीं थी। परंतु बनारस की प्रचलित लोकोक्ति के अनुसार एक नई विचित्र-सी बात सामने आई है। उसमें कहा गया है कि संयोगिता केवल एक सामान्य श्रृंगार स्वरूपा स्त्री न थी, बल्कि वह एक शासित योगिनी का अवतार थी।

पृथ्वीराज कन्नौज के समीप रात को पड़ाव पर सोए हुए थे। रात में उनके सपने में एक सुंदरी आई। वे आश्चर्य भरी निगाहों से उसकी तरफ देखने लगे तब गंभीर चेहरा करके वह कहने लगी,

"हे राजन! आश्चर्य भरी नजरों से मुझे यों क्या निहार रहे हो! शायद आप मुझे पहचान न सके हो। मैं आपको भली-भाँति जानती हूँ क्योंकि मेरा जन्म आपके और केवल आप ही के लिए हुआ है। अभी भी आपकी समझ में न आया हो तो स्पष्ट करके बताती हूँ, सुनिए-मैं कान्यकुब्जेश्वर (जयचंद राठौड़) महाराज की कन्या हूँ।"

"कौन? संयोगिता?" पृथ्वीराज पूछ बैठे।

वे उसका आलिंगन करने के लिए व्यग्र हो उठे। उसको पकड़ने के लिए जैसे ही वे आगे बढ़े वह योगिनी स्वरूपा तभी कहने लगी,

"ठहरिए! मेरे संपर्क में आने की कोशिश न कीजिए। जल जाओगे। क्योंकि मैं आग हूँ। मेरा स्पर्श तक विनाशकारी है। हे राजन! मैं जानती हूँ कि आप मुझसे बेतहाशा प्यार करते हैं। पर एक बात मत भूलिए कि मेरा जन्म मंजुघोष के अंश से हुआ है। बावजूद इसके मैं एक शापित अप्सरा हूँ।

महाराज! मुझे सुमंत ऋषि ने शाप दिया है। इसीलिए मेरे शापित जीवन में आने का दुःसाहस न कीजिए।"

"अगर मैंने यह दुःसाहस किया तो क्या होगा?" पृथ्वीराज ने पूछा।

"निश्चित विनाश होगा। प्रलय आएगी। ध्यान से सुनो, कुछ भी नहीं बचेगा। शेष न रहेगा। ऋषिवर शाप यही है कि मेरे कारण बहुत से वीर और सामन्तों की मौत होगी। उसी के साथ पिता और पति दोनों के वंशों का सर्वनाश होगा। यह राज मेरे तात को भी मालूम नहीं। आखिर तक वह उनको मालूम नहीं होगा।

मैं आपको बेहद प्यार करती हूँ। इसीलिए मुझे मिले हुए शाप में मैं आपको शामिल कर लेने की मेरी इच्छा नहीं है..."

प्रेमातुर पृथ्वीराज आगे बढ़े। उसी वक्त वह रूपसम्पन्न योगिनी शून्य में विलीन हो गई।

पृथ्वीराज की आँख खुल गइ। नाद उचट गई।

छायामूर्ति ने सावधान करने की कोशिश की। पृथ्वीराज ने इससे कोई सीख न ली। उनके मन में संयोगिता के लिए अनुराग और अधिक बढ़ गया। वे उसके अभी तक न देखे हुए सौंदर्य पर मोहित हो गए। उनको ऐसा भ्रम हुआ कि उसके बिना उनका जीवन और जीना दोनों व्यर्थ है। कहावत है ना "विनाश काले विपरीत बुद्धि" आदमी नियति के हाथों का खिलौना है। जैसी उसकी इच्छा होगी वैसा वह नचाती है। उसने अपना खेल शुरू कर दिया था।

सुबह हुई। सबको कन्नौज पहुँचने की उत्सुकता थी। वे कन्नौज पहुँचे। नगरी को नव वधू की तरह सजाया गया था। अपनी किस्मत आजमाने सभी निमंत्रित आ गए थे। सबकी बहुत अच्छी व्यवस्था रखी गई थी।

एक कहने जैसी खास बात यह थी कि कवि चंदवरदाई का चेहरा पृथ्वीराज की तरह ही लुभावना था।

वे महल के प्रवेश द्वार पर पहुँचे। साथ की सेना अलग-अलग जगहों पर बिखेर दी गई। चंदवरदाई मालिक के भेस में थे। द्वार पर रघुवंश कुमार कोतवाल ने उनको अड़ाया। चंद ने खुद की पहचान देने के बाद कोतवाल जयचंद की इजाजत लेने भीतर दौड़ा। जयचंद ने उनको लिवा लाने के लिए अपने दरबारी भाट को भेजा। चंदवरदाई ने जयचंद की प्रशंसा करने वाला एक काव्य-गीत सुनाया। खुश होकर जयचंद ने कहा-

"कविराज! आप हो तो हमारे बैरी के राजकवि, फिर भी हमारे दिल में तुम्हारे प्रति प्यार की भावना है। आपके महाराज पृथ्वीराज चौहान को किसी कारणवश हम निमंत्रण नहीं भेज सके। किंतु उनके बारे में हमारे मन में कितनी आत्मीयता है यह आप अपनी खुद की आँखों से देखेंगे ही..."

जयचंद क्या कहना चाहते हैं, उनका इशारा किधर है, यह चंद और पनवाड़ी के भेस वाला पृथ्वीराज की समझ में आ गया। पृथ्वीराज के माथे पर बल पड़ गए। उनकी ओर जयचंद की आँखें एक-दूसरे से टकराईं। लाख कोशिश करने पर भी पृथ्वीराज के चेहरे पर का राजकीय तेज छुप नहीं रहा था। जयचंद ने चंद को पूछ ही लिया,

"यह आपका सेवक है?"

"जी हाँ महाराज!" चंद ने बिना हिचकिचाए जवाब दिया।

पर जाने क्यों जयचंद के मन में संदेह का कीड़ा चुलबुलाने लगा। इसी समय एक घटना घटी। छह दासियाँ पान के बीड़े लेकर वहाँ आईं, उनकी जो मुखिया लगती थी, वह थी कर्नाटकी।

उसको भगवान से एक देन प्राप्त थी। किसी भी आदमी को केवल आँखें देखकर वह उस आदमी को पहचान लेती थी। चंदवरदाई के नौकर के भेस में उपस्थित महाराज पृथ्वीराज चौहान को वह तुरन्त पहचान गई। उनको देखकर उसने माथे पर की साड़ी संवार कर घूंघट निकाला।

कर्नाटकी के ऐसा करने पर जयचंद और दरबारियों के मन को विश्वास हो गया कि निश्चित ही पृथ्वीराज यहीं अगल-बगल में कहीं न कहीं हैं। चंद मन ही मन में घबरा गए कि जब राज खुलता है। परिस्थिति हाथ से छूट न जाए यह सोचकर उन्होंने सांकेतिक भाषा में कुछ कहा-और इशारा किया।

कर्नाटकी सब समझ गई। उसने घूंघट हटा दिया तो महाराज जयचंद ने सवाल किया,

"अभी तुमने घूंघट लिया। फिर हटा दिया। क्यों?"

कर्नाटकी चतुर तो थी ही, प्रसंग संभालने में भी होशियार थी। उसने तुरन्त जवाब दिया,

"गुस्ताखी माफ हो महाराज, आप भी जानते हैं कि कन्नौज आने से पहले मैं दिल्ली दरबार की राजनर्तकी थी। मैं वहाँ महाराज के सामने हमेशा घूंघट निकाला करती थी। यहाँ कविराज को देखा। वे महाराज के खास दरबारियों में से एक हैं। कई दिनों बाद उनका दर्शन हुआ। उनके सम्मान में मैंने पहले घूंघट लिया फिर उसे निकाल दिया।"

कर्नाटकी के जवाब से महाराज जयचंद को कोई तसल्ली नहीं हुई। उनके मन की आशंका नहीं मिटी। उन्होंने मेहमानों को नगर के पश्चिम में ठहरने को जगह दी। मन में पैदा हुई आशंका के बूते पर उन्होंने वहाँ गुप्तचर नियुक्त कर दिए।

महाराज जयचंद ने पृथ्वीराज को यज्ञ का या स्वयंवर का निमंत्रण न देना यह उनका निजी मामला था। अन्य निमंत्रितों का इससे कोई सरोकार नहीं था। उनको इससे कोई लेन-देन नहीं था। परंतु पहरेदार के रूप में पृथ्वीराज जैसे महावीर का पुतला खड़ा करके जयचंद ने सबको चर्चा का एक विषय प्राप्त कर दिया।

सुरक्षा के बारे में जयचंद थोड़े भी गाफिल नहीं रहना चाहते थे। उन्होंने जगह-जगह पर अपनी सेना के मोर्चे लगा दिए थे। सबको सतर्क और होशियार रहने की सूचनाएँ दी गई थीं। सब दूर गुप्तचर टहल रहे थे।

स्वयंवर की तिथि तीन दिन पर आई। पृथ्वीराज चिंता भरी आवाज में कहने लगे,

"चंद, दोस्त? कहा-सुनी, संदेश अब बहुत हुए। परंतु राजकुमारी की इच्छा और मन की भावनाएँ समझ लेना भी तो आवश्यक है। इसके लिए स्वयंवर से पहले उसकी प्रत्यक्ष में मुलाकात होना जरूरी है?"

"सबूर महाराज! मैं कोई न कोई तरकीब निकालने की कोशिश करता हूँ।" चंदवरदाई ने आश्वासन दिया।

इस समय जयचंद ने संयोगिता को गंगा तट के एक महल में रखा था। उसकी सेवा के लिए सौ दासियाँ तैनात थीं। जयचंद अब तक जान चुके थे कि वह पृथ्वीराज से प्यार करती है। इसलिए महल के चारों तरफ सैनिकों का कड़ा पहरा लगा दिया गया था।

रात का समय, पृथ्वीराज को दिए गए आश्वासन की पूर्ति किस तरह की जाए इस विवंचना में चंद अस्वस्थ था। जाग रहा था। पृथ्वीराज की और उसकी खुसुर-फुसुर चर्चा हो रही थी। अचानक दबी आवाज में दरवाजे पर दस्तक हुई। तलवार की मुट्ठी पर पकड़ मजबूत करके चंद ने धीमी आवाज में पूछा,

"कौन?"

"कविराज, दरवाजा खोलो।" बाहर से स्त्री कंठ सुनाई दिया।

चंदवरदाई ने दरवाजा खोला। पूरा बदन काले कपड़ों में लपेटे हुए एक स्त्री बाहर खड़ी थी। उसका चेहरा ढका हुआ था। सिर्फ आँखें चमक रही थीं। चंद उसको कुछ पूछते इससे पहले उसने उनके हाथों में एक पत्र थमा दिया। वह कहने लगी,

"कविराज! आपके महाराज के नाम महाराज जयचंद की नंदिनी राजकुमारी संयोगिता ने यह खत दिया है।"

"कौन? कर्नाटकी..."

चंद ने पूछना चाहा। बिना कुछ जवाब दिए वह स्त्री किसी छाया की तरह अंधेरे में लुप्त हो गई।

दरवाजा बंद करके चंदवरदाई ने खत पृथ्वीराज के हाथ में दिया। उन्होंने उसको खोलकर देखा। खत संयोगिता का ही था। उसने लिखा था-

'कल सुबह सूर्योदय के समय हम शाही बगीचे में आपकी प्रतीक्षा कर रहे होंगे। साथ में हमारी सखियाँ और सेविकाएँ रहेंगी। उससे आप हमें आसानी से पहचान सकोगे। माली के भेस में आना...'

दूसरा दिन, प्रातःकाल। झुंजूमुंजू हो रही थी। बड़ी मुश्किल से आधी नींद, आधी जाग्रत अवस्था में रात गुजरी। प्रियतमा से मिलने की आतुरता। पृथ्वीराज माली के भेस में बगीचे में पहुँचे। वहाँ काम करने वाले हमेशा के माली उन्हीं की चर्चा कर रहे थे। उनकी चर्चा में पृथ्वीराज के बारे में गहरा आश्चर्य भरा हुआ था।

और एक बात उनकी समझ में आई। चन्दवरदाई का सेवक बनकर रहने का उनका राज अब राज नहीं रहा था। वह भेद खुल चुका था। उनको पकड़ने के लिए सतर्कता बरती जा रही थी।

वे बगीचे में पहुँचे तो संयोगिता वहाँ पहले से ही मौजूद थी। वह उनका इंतजार ही कर रही थी। दोनों की मुलाकात हुई। संयागिता ने कहा,

"कुछ माली आशंका भरी नजरों से अपने को देख रहे हैं, इसलिए भावनाओं पर काबू पाकर यहाँ से तुरन्त निकल जाइए। कल भेस बदलकर स्वयंवर मण्डप में उपस्थित रहना। पूरी तैयारी के साथ प्रवेश द्वार के समीप आपके पुतले के पास ठहरना। जैसे ही मैं आपके पुतले को हार पहनाऊँगी मेरा हरण कर लेना। क्योंकि अब मैं केवल आपकी धरोहर हूँ।"

पृथ्वीराज बगीचे में आँखों से ओझल हुए।

अचानक महामंत्री को साथ लेकर जयचंद संयोगिता के सामने प्रस्तुत हुए। उन्होंने कहा,

"गुप्तचरों ने खबर लाई है कि पृथ्वीराज भेस बदलकर नगर में प्रविष्ट हुआ है। इसलिए होशियार रहना। उसने हमारा यज्ञ तो विफल कर ही डाला। अब वह तुम्हारे स्वयंवर में बाधा लाने की कोशिश करेगा। उसकी गतिविधियों से लगता है कि हमारा ही कोई फितूर होकर हमसे गद्दारी कर रहा है।

वह भाग जाने का प्रयास करेगा। परंतु सफल नहीं होने पाएगा। क्योंकि चहुँ ओर से हमने राजधानी की नाकाबंदी कर डाली है। पूरे राज्यभर में सुरक्षा व्यवस्था बढ़ा दी गई है। हमको विश्वास है कि शीघ्रातिशीघ्र वह और उसके साथी पकड़े जाएंगे।"

बातें करते--करते महाराज जयचंद और उनके महामंत्री चले गए। ओट में छुपी हुई सखियाँ और सेविकाएँ दौड़कर आईं। संयोगिता का उनकी तरफ ध्यान ही नहीं था। वह जयचंद के कहने पर ही सोचने में डूबी हुई थी।

अब उसकी मन की चिंता बढ़ गई। उसको यकीन था कि उसके पिता की सुरक्षा व्यवस्था को छेदना और पृथ्वीराज का उसमें से सही सलामत निकल जाना एक जटिल समस्या थी। वे पकड़े गए तो उनको दया दिखाए बिना महाराज जयचंद मार ही डालेंगे। इसका दोष अपने सर पर मढ़ा जाएगा।

हमारे कारण भारत के भावी सम्राट का जीवन धोखे में आया। यह तो बहुत बुरा हुआ।

पृथ्वीराज की रक्षा के लिए वह मन ही मन में कुलदेवता की आराधना करने लगी।

संयोगिता से मुलाकात करके महाराज पृथ्वीराज चौहान तेज कदमों से चले जा रहे थे। पीठ पीछे से अचानक किसी ने उनके कंधे पर हाथ रखा। चौंककर उन्होंने अपनी कमर में छुपाई हुई कटार निकालनी चाही। पीछे की युवती ने कहा,

"नहीं महाराज! सावधानऽऽ!"

जयचंद ने माली के कपड़े पहने। वह पृथ्वीराज का ही गुप्तचर था। उसके बोलने के तरीके से उन्होंने इसको पहचान लिया।

"कुछ पूछे बगैर किंचित मेरे पीछे आइए महाराज।" बिल्कुल ही धीमी आवाज में उसने कहा।

और आगे आने पर उसने राज की बात कही,

"महाराज! कन्नौज नरेश को उनके जासूसों की ओर से सब पता चल चुका है। कविराज के बाहर चले जाने के बाद थोड़ी ही देर में कन्नौज के सिपाहियों ने आपके पड़ाव पर छापा मारा। कविराज वहाँ होते तो पकड़े जाते। परिस्थिति बहुत विचित्र मोड़ ले चुकी है। एकेक कदम सोच-समझकर डालना पड़ेगा।"

"इस वक्त कविराज कहाँ हैं?" पृथ्वीराज ने पूछा।

"वे सुरक्षित हैं..." गुप्तचर ने जवाब दिया।

"हमको उनके पास ले चलो।" पृथ्वीराज ने कहा।

"हम उधर ही जा रहे हैं..."

थोड़ी ही देर में चंदवरदाई के पास थे। उनके और भी लोग वहाँ मौजूद थे। पृथ्वीराज ने सबको संबोधित करते हुए कहा,

"सब होशियार रहो। समझ लो कि अब जंग छिड़ गई है। हम दुश्मन के जबड़े में हैं। फिलहाल इसी अवस्था में रहना होगा। महाराज जयचंद चुप नहीं बैठेंगे। वे हमको सब दिशाओं में खोजते रहेंगे। हमको इसी खण्डहरनुमा जगह में सुरक्षा मिलेगी। सब मिलकर कन्नौज के सैनिकों के कपड़े पहन लो। उससे कोई हमें पहचान न सकेगा।"

दूसरा दिन!

संयोगिता सजधजकर सखियों और सेविकाओं से घिरी हुई स्वयंवर मण्डप में आ पहुँची। उसके पीछे वाली दासी के हाथों में एक बहुत बड़ी वरमाला थी।

महाराज जयचंद उच्चासन पर विराजमान थे। दरबारी, मंत्री और निमंत्रितों ने अपने-अपने स्थान ग्रहण किए थे।

महामंत्री राजदरबारी भाट के साथ आगे बढ़े। एक-एक निमंत्रित का परिचय कराने लगे। राजकुमारी उनका परिचय सुने बिना, उनकी तरफ देखे बिना आगे और आगे ही बढ़ती रही।

हालांकि हर एक निमंत्रित को लग रहा था कि वरमाला उसी के गले डाली जाएगी। ऐसा कुछ भी नहीं हो रहा था। और आगे बढ़ती हुई राजकुमारी अचानक रुकी। केवल एक क्षण! जयचंद समझ गए कि आगे क्या होनेवाला है। वे जोर से चिल्लाए,

"संयोगिता ऽऽ!"

संयोगिता के कमलमुख पर मंद-मधुर मुस्कान उभर आई। उसने स्वयंवर मंडप की मर्यादा बांधकर बाहर पैर रखा। पृथ्वीराज के पुतले की तरफ देखा। दासी के हाथ की वरमाला लेकर सीधी पृथ्वीराज के पुतले के गले में डाल दी। उसी समय एक सुंदर, ऊँचे, सफेद घोड़े पर सवार पृथ्वीराज अचानक प्रकट हुए। आँख झपकते ही उन्होंने संयोगिता को ऊपर उठाकर घोड़े की पीठ पर बैठा लिया। उसने पीछे से उनकी कमर मजबूती से पकड़ ली।

अपने टेटुए पर जोर देकर जयचंद चिल्लाने लगे-

"पकड़ो...मारो ऽऽ!"

पृथ्वीराज ने घोड़े की लगाम को दांतों में पकड़ लिया। दोनों हाथों में तलवारें संभालीं। संयोगिता अब तक कर्नाटकी के मुँह से पृथ्वीराज के शौर्य के बारे में सिर्फ सुनी थी, वही वीरता आज उसको अपनी आँखों से प्रत्यक्ष में देखने को मिल रही थी।

दोनों हाथों की तलवारें जयचंद की सेना को चीरते, सामने आने वाले सैनिकों को काटते पृथ्वीराज निकल चले।

'महाराज पृथ्वीराज चौहान आए? भागे...' इतना कहकर आम लोग भागने लगे।

पृथ्वीराज के सरदार, सेनापति और सैनिकों ने तलवारें निकाल लीं। लड़ाई शुरू हो गई। निमंत्रित हड़बड़ा उठे। किसको दोष दें, किसका साथ निभाएं, यह उनकी समझ में नहीं आ रहा था। कुछ सोच रहे थे कि जयचंद ने जानबूझकर उनको अपमानित करने के लिए वहाँ बुलाया। स्वयंवर का यह एक नाटक था! ऐसा न होता तो उन्होंने अपने सीने पर पृथ्वीराज का पुतला क्यों खड़ा किया होता!

दुखाए गए निमंत्रित अनेकानेक तर्क-वितर्क लड़ा रहे थे। किसके मुँह पर ताला लगाते? कहावत ही है, 'जितने लोग उतने स्वभाव।'

नगर के बाहर पृथ्वीराज की सैनिक टुकड़ी उनकी प्रतीक्षा ही कर रही थी। जैसा कि पहले ही तय हुआ था कुछ सैनिक जयचंद के सैनिकों से लड़ने लगे। बाकी राजकवि चंदवरदाई के साथ पृथ्वीराज के घोड़े के पीछे घोड़े दौड़ाते चल पड़े। जयचंद ने केवल दिल्ली की राह पर ही नहीं बल्कि सभी रास्तों पर सैनिक जाल बिछा रखा था।

जयचन्द की ओर से सबसे पहले गोविंदराज गहलोत और दाहिमा नरसिंह इन्होंने पृथ्वीराज को अड़ाने की कोशिश की। पृथ्वीराज के सैनिकों ने उन दोनों को मार डाला। अपने दो सेनापति मारे गए, यह देखकर क़न्नौज के वीरों ने पृथ्वीराज को घेर लिया। चण्डपुण्डीर ने राठौर सेना से लोहा लिया।

महाराज जयचंद का एक पर्शियन सेनापति था, मीर बांदान! वह युद्ध में मारा गया, उसके मरते ही उसकी सेना भाग गई। जयचंद की सेना सागर की तरह अपार थी। पृथ्वीराज के इतने थोड़े सैनिकों ने उस सेना का एक साथ मुकाबला किया होता तो वे तुरन्त मारे जाते। इसलिए दिल्ली की ओर बढ़ते-बढ़ते एकेक सेनापति ने जयचंद की सेना को अड़ाने का निर्णय हुआ था।

रास्ते में एक संकरी घाट था। सेनापति बाधराय ने कुछ समय के लिए पीछा कर रही क़न्नौज की सेना को वहाँ रोके रखा। लड़ते-लड़ते वह शहीद हुआ। अचानक पृथ्वीराज ने वीरता से लड़ रहे चंदवरदाई की तरफ देखा। उनको अकेला देखा तो जयचंद की मुसलमान सेना ने घेर लिया। तत्काल पृथ्वीराज उधर दौड़े। यवनों के सर काटते हुए उन्होंने चंद की जान बचाई।

हरिसिंह चौहान कन्नौज की सेना पर टूट पड़ा। वह भी काम आया उनकी जगह कनक बडगुजर ने ली। वे भी शहीद हुए। उनके बाद निड्ढुर राय राठौड़, लोहाना आजानबाहु, गोरांददास गहलोत, पंजवनराय कछवाहा, पाल्हनराय, मलेसिंह, बलभद्र ये भी शहीद हुए। कछवाह वंश के कई वीरों ने उनके हृदय सम्राट पृथ्वीराज चौहान के लिए अपने प्राणों की आहुति दी।

योगिनराय सांखलासूर, आत्ताताई, हाडा हमीर, पहाडराय तंवर, हरिसिंह तंवर, आदि भी मारे गए। पृथ्वीराज की कटि में तीर घुसा।

अब सेनापति कान्ह युद्ध में उतरे उनके साथ थे अल्हण कुमार, अचलेश चौहान, बीझराज सोलंखी, अपने घोड़े पर सवार होकर कान्ह प्रकट हुए। उनका सामना होते ही विरोधी सैनिक थरथर काँपने लगते थे। वे कन्नौज की सेना पर

तूफानी बारिश की तरह बरस पड़े। इस युद्ध में वे हमेशा की अपेक्षा कुछ अधिक ही वीरता से लड़े।

पहले वे तलवार युद्ध करते रहे। तलवार टूट जाने पर कटार से लड़ते रहे। कटार भी टूट गई। एक के पीछे एक चार घोड़े मारे गए। तब बेमान होकर हाथ और लातों के प्रहार से उन्होंने कई सैनिकों को यमलोक भेज दिया। आखिर उनको भी वीरगति प्राप्त हुई।

राजकवि चंदवरदाई, गुरुरामदास, राजपुरोहित जनार्दन, जैन परमार मंत्री पृथ्वीराज के निकट ही थे।

"महाराज! आपको तीर लगा है। उसका इलाज कराना जरूरी है।" चंद वरदाई ने कहा।

"नहीं चंद! यह समय इलाज कराने का नहीं। सर पर दुश्मन यमधर्म की तरह खड़ा है। घोड़ों को तेज दौड़ाकर हमको कन्नौज की सीमा से बाहर निकलना चाहिए। हम एक बार हमारी सीमा में दाखिल हुए कि शत्रु का सेना सागर हमारा पीछा नहीं करेगा।"

बोलते-बोलते पृथ्वीराज ने कमर में रुतकर बैठा तीर निकालकर फेंक दिया। घोड़ों की गति बढ़ गई। वे तेजी से दौड़ने लगे। बचे हुए साथियों के और संयोगिता के साथ पृथ्वीराज दिल्ली पहुँचे।

दिल्ली के किले में प्रविष्ट होते ही पृथ्वीराज महल के अपने कक्ष में चले गए। राजकुमारी संयोगिता को दासियाँ सम्मानपूर्वक महल में ले गईं। वे उसके सत्कार में लग गईं।

पृथ्वीराज युद्ध में जख्मी हो गए थे। उनके बदन पर बहुत से घाव लग चुके थे। कमर में लगे तीर के जख्म से काफी खून बह गया था। कटिवस्त्र खून से लथपथ हो चुका था।

राजवैद्य ने तुरन्त इलाज आरंभ किया।

दिल्ली में पहुँचने तक इस युद्ध में पृथ्वीराज के एक सौ छह में से सौ विख्यात सरदार काम आए।

14. विनाशकाल

महल में राजवैद्य पृथ्वीराज के जख्मों का इलाज कर रहे थे। उनके मन में अपार विषाद भरा हुआ था कि इस अभियान में उनके बहुत सारे चतुरस्त्र वीर साथी खेत रहे। महान सेनापति कान्ह ने भी अपने प्राण न्योछावर कर दिए। उन्होंने ऐसे समय में युद्ध में भाग लिया, जब उनकी जगह अन्य कोई होता तो चलकर आए शत्रु सेना के प्रबल आवेग को रोक न पाता।

एकेक वीर की याद, पृथ्वीराज के दिल के टुकड़े-टुकड़े कर रही थी। वे मारे दुःख के महल से बाहर नहीं निकल रहे थे। धीरे-धीरे यादों की तीव्रता कम होती गई। संयोगिता का सौंदर्य काम करने लगा। वे भोग-विलास में मग्न हो गए। उनको रात और दिन का ख्याल न रहा। राजवैद्य के इलाज से युद्ध के जख्म भर गए। पूरी तरह अच्छे हो गए। तब भी पृथ्वीराज महल से बाहर नहीं निकले। वे आज बाहर आएंगे, कल बाहर आएंगे-दरबारियों की इस उम्मीद पर हर रोज पानी फेरा जाता।

काफी समय गुजर गया। दरबार नहीं लगा था। राज्य के बचे हुए सामन्त और राजगुरु चिंतित होने लगे। अपने राजा का दीदार न पाकर जन-साधारण भी अस्वस्थ होने लगे। नगर के कुछ प्रमुखों ने राजगुरु से मिलकर अपनी भावनाएँ प्रकट कीं। राजगुरु कवि चंदवरदाई के पास गए। क्योंकि पृथ्वीराज और चंद दो शरीर एक प्राण इतने घनिष्ठ मित्र थे। पृथ्वीराज चंद का कहा कभी नहीं टालते थे। वे भी अपने राजा के भले का ही सदैव विचार करते थे।

राजगुरु ने लोगों की भावनाएँ पृथ्वीराज को अवगत कराने की सूचना चंद को दी। चंद स्वयं चिंताक्रांत थे। उनको यही इंतजार था कि कोई न कोई पहल करे। उन्होंने राजगुरु को सम्राट से मिलने का आश्वासन दिया।

इस मुलाकात का होना भावनाओं का उद्देश्य गौण था। दूसरा एक मुद्दा बहुत ही अहमियत रखता था। जीने-मरने का सवाल था। गुप्तचर ने महत्त्व की खबर लाए थे। हिन्दुस्तान पर आक्रमण करने के लिए मुहम्मद गौरी प्रचंड सेना इकट्ठी कर रहा था। महल में घुस बैठे पृथ्वीराज को यह खबर सुनाना भी अत्यावश्यक था।

जम्मू के हाहुलीराय हम्मीर को साथ में लेकर चंदवरदाई अंत:पुर के करीब दाखिल हुए। उन्होंने एक कागज पर लिखा–

'तू गोरी पर रतियं। अरु तो घर गोरी तक्कियं!'

अर्थात् शहाबुद्दीन गौरी अपनी भूमि पर अनुरक्त है, और आप गोरी (संयोगिता) पर अनुरक्त हो।

वह कागज एक दासी को थमाकर उन्होंने कहा,

"भीतर जाकर यह कागज महाराज को दे आओ।"

दुर्भाग्य काम कर गया। पृथ्वीराज से पहले उस सेविका की संयोगिता से मुलाकात हो गई। संयोगिता ने कागज पढ़ा। फाड़कर फेंक दिया और दासी से कहा,

"उनसे जाकर कहो कि महाराज को फुर्सत नहीं है।"

दासी ने बाहर आकर वह संदेश सुना दिया।

मित्र के नाते चंद ने इसको विशेष गंभीरता से नहीं लिया। परंतु हाहुलीराय को वह बहुत बड़ा अपमान लगा। राजपूती खून! वह अपने मुकाम पर लौटा। गजनी जाने की तैयारी करने लगा। गौरी की मदद से इस अपमान का बदला लेने का उसने निर्णय लिया।

वैसे बात मामूली थी। हाहुलीराय ने उसको विकृत स्वरूप देकर देशद्रोही कदम उठाया।

राजगुरु रामदास और चंदवरदाई उससे मिलने गए। वे उसको समझाने लगे तब वह कहने लगा,

"राजा का कर्त्तव्य है कि वह प्रजा की रक्षा करे, न कि प्रजा उसकी रक्षा करे। जब तक वह अपना कर्त्तव्य निभाता रहता है तब तक ही राजा कहलाने के काबिल रहता है। हम उनकी भलाई सोचकर ही उनसे मिलने गए थे। हमारी क्या गलती हुई? मैंने बहुत सोच समझकर इस अपमान का बदला लेने का निश्चय किया है।

महाराजा के रक्षणार्थ कैक वीरों ने अपने प्राणों की बलि चढ़ाई। कैक जख्मी होकर घायल हुए और कल की आई यह राजकुमारी संयोगिता हमारे जख्मों पर नमक छिड़के!

जहाँ जान पर जान कुर्बान करने वाले लोगों की अपेक्षा हजारों की बलि लेने वाली स्त्रियों को अधिक महत्त्व दिया जाता है उस राज्य में वास्तव्य करना महान पाप है।"

इतना कहकर हाहुलीराय वहाँ से चले गए।

हाहुलीराय एक महान योद्धा थे। उनके चले जाने से नगरवासी अपने भविष्य को सोचकर चिंतित हुए। वे अपने बाल-बच्चों सहित स्त्रियों को दूसरे राज्यों में भेजने लगे। गुंडों, लुटेरों पर किसी की धाक न रही। वे लूटपाट करने लगे। उनके डर से व्यापारी और धनी लोग दिल्ली को छोड़कर अन्यत्र भागने लगे।

उधर गौरी युद्ध की जबरदस्त तैयारी करने में उलझा हुआ था।

बाहर इतना कुछ हो रहा था। अंत:पुर में पृथ्वीराज को इसकी खबर न थी। वे अपने महल में संयोगिता के साथ भोग विलास में मस्त थे।

राजधानी की बिगड़ी अवस्था और हो रही मार-काट राजगुरु रामदास से देखी न गई। उन्होंने चन्द को बुलवा भेजा।

"गुरुवर! क्या आज्ञा है?" उन्होंने आते ही पूछा।

"कविराज, हम तुम्हें कुछ कहें यह तो आवश्यक नहीं। तुम सब जानते हो। यहाँ की हालत हद से बाहर निकल चुकी है। तराइन के युद्ध में हुई हार का बदला लेने की ईर्ष्या से गौरी कसकर तैयारी कर रहा है। अचानक आकर खेतों में खड़ी फसल की नास-धूस करने वाली टोल झाड़ की तरह उसकी सेना किसी भी क्षण दिल्ली पर आकर टकराएगी।

अपने ही कुछ लोगों की गौरी के साथ साठ-पैठ है। महाराज को तो गवाक्ष से बाहर झांककर देखने की भी फुर्सत नहीं। अब एक ही आखिरी आशा बची है..." राजगुरु ने कहा।

"वह कौन सी गुरुमंडली?" चंद ने पूछा।

"चित्तौड़ की..."

"आपने तो मेरे मन की बात कह डाली गुरुजी..."

"फिर अब देर मत करो चंदा। तुरन्त निकलो। साथ में अंगरक्षक रखो। चित्तौड़गढ़ नरेश महाराज रावल समरसिंह को इधर की हालत समझाकर कहो। इस घड़ी में मदद और मार्गदर्शन के लिए दिल्ली को उनकी सख्त जरूरत है। अपने महाराज उनका कह मानते हैं। उनसे दिल्ली आने की विनती करो।" राजगुरु ने सूचना दी।

चंदवरदाई चित्तौड़ गए। पृथा और समरसिंह से मिलकर राजगुरु का संदेश सुनाया। दिल्ली की हालत बयान की। सुनकर दोनों दु:खी हुए। समरसिंह ने आश्वासन दिया कि वे दिल्ली की रक्षा के लिए बहुत जल्दी सेना लेकर पहुँच रहे हैं।

चन्दवरदाई दिल्ली को लौट आए।

इधर दिल्ली से प्रतिज्ञा करके निकला हुआ हाहुलीराय सीधा गजनी जाकर गौरी से मिला। दिल्ली की दुरावस्था सुनकर गौरी मन ही मन बहुत खुश हुआ। हाहुलीराय दिल्ली पर आक्रमण करने के लिए उकसाने लगा। गौरी को और क्या चाहिए था? उसने तुरन्त अपनी सहमति जाहिर की। उसकी आज्ञा से हाहुलीराय उनके सैनिकों को राजपूतों की तरह लड़ने का प्रशिक्षण देने लगा।

ऐसे में एक दिन महाराज जयचंद का खत लेकर उनका दूत गजनी दरबार में दाखिल हुआ। उन्होंने भी गौरी को दिल्ली पर आक्रमण करने का निमंत्रण दिया था। उसके लिए पचास हजार सैनिक, हाथी, घोड़े, धन, अनाज और युद्धोपयोगी साहित्य पुराने का भी वादा किया था।

पृथ्वीराज स्वयंवर मण्डप से संयोगिता को उठाकर ले गए इसलिए जयचंद के मन में शोले भड़क रहे थे। गौरी को हर तरह की मदद करके वे काँटे से काँटा निकालना चाहते थे। आमने-सामने के युद्ध में पृथ्वीराज पर विजय पाना उनके लिए असम्भव बात थी। केवल 1100 सैनिकों के बल पर जयचंद की अनगिनत सेना के जाल को छेदकर पृथ्वीराज ने संयोगिता का हरण किया था। जयचंद की नाक काटी थी। उनकी प्रतिष्ठा धूल में मिला दी थी। एक राजपूत राजा के लिए इस अपमान का खून के घूंट पीकर सह जाना एक मुश्किल बात थी।

चंदवरदाई को दिए हुए आश्वासन के अनुसार रावल समरसिंह 13000 राजपूतों की सेना लेकर दिल्ली आ पहुँचे। उन्होंने बाहर ही पड़ाव डाला। उनका स्वागत करने के लिए कोई महत्त्व का व्यक्ति था ही नहीं। राजगुरु और चंद उनके आगे-पीछे दौड़ रहे थे। पृथ्वीराज को कुछ भी पता नहीं था। उनको आकर चार दिन हो गए।

आखिर उन्होंने पृथ्वीराज को कड़क शब्दों में भर्त्सना करने वाली पर्ची लिखी। वह तोते के गले में बांधकर भेज दी। वह संयोगिता के हाथ लगती तो उसकी भी वही अवस्था होती जैसी कि चंद की चिट्ठी की हुई थी। परंतु संयोगिता नहाने के बाद कपड़े बदलने थोड़ी ओट में गई हुई थी। उसी समय समरसिंह का भेजा हुआ तोता पृथ्वीराज के पास पहुँचा। उसके गले से चिट्ठी निकालकर उन्होंने पढ़ी।

वे जैसे हड़बड़ाकर नींद से जागे। संयोगिता पर चिढ़कर उन्होंने कहा,

"कितनी दुःख की और बेशर्मी की बात है कि कुँवर समरसिंह आते हैं, नगर के बाहर खेमा डालकर चार दिनों से रहते हैं और हमको कोई खबर तक नहीं देता।"

वे महल से बाहर आए। सीधे समरसिंह के पास पहुँचे। नाता बाजू को रखकर समरसिंह ने कहा,

"आइए दिल्लीश्वर महाराज पृथ्वीराज चौहान! हमारा अहोभाग्य जो आपने हमसे मिलने के लिए फुर्सत निकाली। वैसे हमारा कोई महत्त्व का काम नहीं। आप अपने अंत:पुर में जाना चाहो तो खुशी से जा सकते हो।"

"मित्र समर! मुझे क्षमा करो।"

लज्जावश पृथ्वीराज ने गर्दन झुकाकर कहा। वे समरसिंह की आँख से आँख नहीं मिला पा रहे थे। समरसिंह बहुत चिढ़े हुए थे। संतप्त थे। वे गुस्से से बोल उठे,

"क्षमा! क्षमा हमारी क्या माँगते हो? दिल्ली की रियाया की माँगो। जिसको तुमने अनाथ की तरह हवा में छोड़ा। उन बहादुर वीरों की क्षमा तुम्हें माँगनी चाहिए जो तुम्हारी विलासपूर्ति के लिए हँसते-हँसते स्वर्ग में जाकर हुतात्मा हुए। राजगुरु और कविराज की माँगो, जिन्होंने तुम्हें नशे से जगाने के लिए तुमसे मुलाकात करनी चाही और तुमने उनसे मिलने से इन्कार कर दिया..."

"नहीं समर, इतना बड़ा प्रमाद तो मुझसे नहीं हुआ..."

"आपकी महारानी से पूछिए। महाराज, दिग्विजय करने की धुन में आपने दिल्ली के पास-पड़ोस के छोटे-बड़े राजाओं को पहले ही नाराज कर रखा है। शहाबुद्दीन सरीखा बाहरी दुश्मन अपनी आजादी के द्वार पर धक्के मार रहा है। प्रचंड तैयारी से वह चला आ रहा है। जासूसों द्वारा लाई गई इस खबर का भी आपको पता नहीं।

कैसे चलेगा पता! रंगरलियों के फंदे से आप बाहर निकलने की इच्छा रखो तब न?

हम आपको कैसे समझाएं! स्त्रिसौख्य के लालच में ऋषि-मुनियों की हजारों सालों की तपस्या बेकार गई। इन्द्र के बदन पर हजार छाले पड़े। अमरत्व के करीब पहुँचे महाविद्वान रावण की अमर होने की इच्छा अधूरी ही रह गई..."

"समर! मैं अपना कर्त्तव्य भूल बैठा। मैंने बहुत गलतियाँ की हैं। मेरी बेपरवाही को क्षमा है ही नहीं। मुझे इसका प्रायश्चित्त करना है। मुहम्मद गौरी से अंतिम युद्ध करके। इसके बाद या तो वह रहेगा या हम रहेंगे। बस, यही तय रहा। आर या पार? जीवन या मृत्यु?" पृथ्वीराज ने कहा।

सुनकर पृथ्वीराज के प्रति समरसिंह के मन में स्नेह जाग उठा। उनका क्रोध हवा हो गया। चंदवरदाई की तरह ही वे भी पृथ्वीराज के मित्र थे। पृथा के पति थे। अत्यंत वीर थे। शांत स्वर में वे कहने लगे-

"पृथ्वी! अब सोचते रहने से काम नहीं चलेगा। अपनी सेना तितर-बितर हो गई है। उसको एक जगह लाना होगा। सामन्त दिखावे के लिए अच्छे रहते हैं। मगर कन्नौज अभियान के बाद वे भी केवल औपचारिकता निभा रहे हैं। उनको मनाना पड़ेगा। वरना ऐन युद्ध के समय वे दगा दे सकते हैं..."

पहले और अब की हालत में काफी तब्दीली आ गई थी। वातावरण और समय ने करवट बदल ली थी। संयोगिता हरण के बाद कई राजपूत राजा पृथ्वीराज के खिलाफ हो गए। किसी ने नहीं सोचा कि इसमें उनकी अपेक्षा संयोगिता ही अधिक दोषी थी। उसी ने उनके पुतले को वरमाला पहनाकर उनके शौर्य को चुनौती दी। इस वास्तविकता पर किसी ने ध्यान नहीं दिया।

गौरी के विरोध में जो राजा अब तक पृथ्वीराज के साथ थे, तराइन के और अन्य युद्धों में जो उनकी ओर से लड़े उनमें से कुछ नाराज होकर जयचंद से जा मिले थे। जिस हरण के युद्ध में पृथ्वीराज के अधिकांश वीर काम आ गए थे। कुछ ऐसे भी थे जो नाराज तो थे पर मुँह पर ताला जड़कर चुपचाप बैठे रहने का निश्चय कर चुके थे। पृथ्वीराज के सामने अन्य कोई विकल्प नहीं था। उनको गौरी से युद्ध करना ही था। दोनों एक-दूसरे को मिटा डालने की प्रतिज्ञा कर बैठे थे।

15. अंतिम युद्ध

सरहद से गुप्तचरों की मार्फत हर रोज नई-नई खबरें आ रही थीं। गौरी गजनी से निकल पड़ा था। महाराज जयचंद बड़ी व्यग्रता से उसकी प्रतीक्षा कर रहे थे।

पृथ्वीराज समरसिंह को राजमहल में ले आए। उन्होंने चंदवरदाई को बुला लिया और समरसिंह से कहा,

"समर, चामुण्डराय के रूप में एकमेव ज्येष्ठ और तजर बेकार सामन्त बचे हैं। हमने बिना सोचे-समझे जल्दी में जो निर्णय लिया उसकी वजह से वे कैद में सजा भुगत रहे हैं। मुझसे नाराज होने से वे मेरा कहा नहीं मानेंगे। पर तुम और चंद समझाओ तो वे तुम्हारा कहा नहीं ठुकराएंगे। उनकी इस आपातकालीन स्थिति में बहुत जरूरत है।"

पृथ्वीराज, समरसिंह और चंद बंदीगृह में पहुँचे। दोनों को बाहर खड़ा करके चंद अंदर गए। उन्होंने चामुण्डराय से कहा,

"सेनापति! महाराज और चित्तौड़ नरेश महाराज रावल समरसिंह बाहर खड़े हैं। युद्धभूमि आपको ललकार रही है।"

इस पर नाराजगी से चामुण्डराय बोले,

"महाराज का प्यारा हाथी श्रृंगारहार अनियंत्रित होकर तबाही मचाने लगा। मैंने उसका प्रतिरोध न किया होता तो दूसरे ही क्षण उसने मुझे पैरों तले रौंधा होता या सूँड में पकड़कर आसमान में उड़ा दिया होता।

मेरी अपेक्षा क्या एक जानवर अधिक मूल्यवान था? चुगलखोरों ने इस घटना का लाभ उठाया। महाराज भी उनकी बातों में आ गए। गादी की रक्षा के लिए हमने जो सेवाएँ प्रदान की हैं, उनका भी ख्याल नहीं किया। हमारे पैरों में बेड़ियाँ पहनाने की आज्ञा दी।

हमने इस आज्ञा का विरोध नहीं किया। उसका पालन करते हुए चुपचाप बेड़ियाँ पहन लीं। बेमतलब सजा भुगत रहे हैं। हमारा क्या गलत था? हमने मन ही मन में प्रतिज्ञा की है कि अब कभी तलवार हाथ में न लेंगे।"

सब सुनकर चंद बाहर आए। उन्होंने चामुण्डराय की नाराजगी दोनों को बताई। उनको लेकर वे दोनों भीतर गए। पृथ्वीराज ने अपने हाथों से बेड़ियाँ खोल दीं। रावल समरसिंह ने कहा,

"आपको केवल दिल्ली के लिए नहीं बल्कि समूचे देश के लिए दुश्मन से लड़ना है। जिससे पहले जो हुआ वह हुआ। हम आपको साथ में लिए बगैर यहाँ से नहीं जाएंगे।"

पृथ्वीराज ने हीरे-मोतियों की अपने गले की मोहन माला निकालकर चामुण्डराय के गले में डाल दी। दोनों की आँखों से झरझर आँसू झरने लगे।

सम्राट पृथ्वीराज हाहुलीराय का महत्त्व जानते थे। उन्होंने उसको समझाने के लिए चंद को भेज दिया। क्योंकि चंद की बुद्धिमत्ता और वाक्चातुर्य पर उनको बड़ा भरोसा था।

चंद ने हाहुलीराय को बहुत समझाया। उसका गुस्सा कम न हुआ उसने चंद की एक न सुनी। उल्टे चंद को धोखे से जंगल के एक खण्डहरनुमा पुराने मंदिर में कैद करके रख दिया। वह मंदिर माता जारुंधरी देवी का था।

पूरा युद्ध खत्म होने तक वे उसी मंदिर में थे।

एक लाख बीस हजार चुने हुए घुड़सवार लेकर गौरी ने गजनी छोड़ा। तेजी से बढ़ता हुआ वह लाहौर तक आ धमका। जासूस बराबर अपना काम कर रहे थे। उनकी तरफ से गौरी की गतिविधियों के दैनंदिन अहवाल प्राप्त हो रहे थे।

सुविधा कीं दृष्टि से पृथ्वीराज ने रणथम्भौर को भी प्रमुख ठाणा बनाया था।

गौरी के आक्रमण की खबर सम्पूर्ण भारत में फैल गई। यह इससे पहले वाले आक्रमणों से बिल्कुल भिन्न था। वह अस्तित्व की लड़ाई थी। हिन्दुस्तान के अन्य राजपूत राजा महाराज जयचंद की सूचना से गौरी के पक्ष में हो गए थे। पृथ्वीराज की सामरिक स्थिति कमजोर पड़ चुकी थी।

गुप्तचरों ने खबर दी कि महाराज जयचंद लाहौर को आकर मुहम्मद गौरी को मिलकर गए। उन्होंने पचास हजार सैनिक, अनगिनत हाथी घोड़े, धन-धान्य, शास्त्रास्त्र गौरी के हवाले किए। दूसरी खबर भी कुछ ऐसी ही थी, जम्मू का राजा विजयराज दलबल सहित लाहौर आकर गौरी को शामिल हो गया है और एक खबर थी-हाहुलीराय गौरी के पड़ाव में दिखाई दे रहा था।

पृथ्वीराज सोच में डूब गए। चंद हाहुलीराय को मनवाने भेजा था। वह तो गौरी के साथ था। अभी तक चंद लौटकर नहीं आए थे। तब वे गए कहाँ? हाहुलीराय की और उनकी मुलाकात भी हुई थी या नहीं? उनको कुछ धोखा तो नहीं हुआ होगा?

अधिक सोचने का समय नहीं था। दुश्मन सीना तानकर सर पर खड़ा था। चन्द को सब मालूम है। वे एक जिम्मेदार व्यक्ति हैं। आए बगैर नहीं रहेंगे।

पृथ्वीराज ने जबरन अपने मन को तसल्ली दी।

मदद के लिए जहाँ-तहाँ खत और दूत रवाना हुए।

गुजराम के राजा जगदेव ने संदेश भेजा कि पृथ्वीराज चाहे तो वह सैन्य सहित मदद को आने के लिए तैयार है। उसका बराबर था। उसकी बहन नीलोत्तमा जो पृथ्वीराज से ब्याही थी। पृथ्वीराज ने उसको सबूरी की सलाह दी।

अजमेर से हजारों हाथी, ऊँट, बैल बंडी आदि साहित्य के साठ सत्तर हजार घुड़सवार आकर दाखिल हुए। दिल्ली का तोमर शासक गोविन्दराय अपनी सेना लेकर चौहान सेना में आ मिला।

दिल्ली, कन्नौज और राजपूताने में अफवाहों की जैसे बाढ़ आ गई।

पृथ्वीराज तकरीबन तीन लाख घुड़सवार और तीन हजार हाथियों की विशाल सेना लेकर युद्ध करने चल पड़े। उनका पुत्र रेणसी पिता के साथ जाने को हट करने लगा। पृथ्वीराज ने उसको समझाया। एक टुकड़ी के साथ उसको दिल्ली में ही छोड़ा।

सेनापति स्कंध इस समय दूसरे युद्ध में उलझे हुए होने के कारण इस युद्ध में भाग न ले सके।

पृथ्वीराज का सोमेश्वर नाम का एक ज्येष्ठ मंत्री था। उन दिनों बड़े-बड़े व्यक्तियों के बार-बार नाम रखने की पद्धति थी।

युद्ध पर निकलने का पृथ्वीराज का बिगुल बजा। वे युद्ध पर निकलने को सिद्ध हुए। मंत्री सोमेश्वर अचानक सामने आया। दोनों हाथ जोड़कर खड़ा रहा। पृथ्वीराज ने पूछा-

"कहिए मंत्रीजी, क्या अड़चन है?"

"भूल-चूक माफ करना महाराज? पर मुझे लगता है कि आपको इस युद्ध में नहीं जाना चाहिए।" मंत्री सोमेश्वर ने कहा।

"क्यों?" पृथ्वीराज ने सवाल किया।

"वजह तो मैं जानता नहीं महाराज। परन्तु मेरे मन का कौज यही कहता है। इसलिए मैंने आपको विनती की..."

बेमतलब पृथ्वीराज के मन में आशंका की छिपकली क्लिक-क्लिक करने लगी। कहीं यह भी दुश्मन को फितूर होकर उसका खबरी बनकर तो नहीं आ रहा है। उन्होंने आज्ञा दी,

"इन मंत्री महोदय के नाक-कान काट दो..."

वडे का तेल बैंगन पर निकालने का यह प्रकार!

कुछ भी सबूत हाथ में न होते हुए केवल आशंका से मंत्री सरीखी बड़ी युवती का अपमान! वह भी ऐसे समय जब युद्ध का नगाड़ा बज उठा था।

पृथ्वीराज की यह बहुत बड़ी गलती थी। क्योंकि अपने ही महामात्य का खून बहाकर उन्होंने अपशकुन कर डाला।

सोमेश्वर यह अपमान न सह सका। वह गौरी को जा मिला। इतना ही नहीं, आगे चलकर जब युद्ध शुरू हुआ तब रात के समय जहाँ पृथ्वीराज और राजपूत सेना आराम कर रही थी, उस पड़ाव का मार्ग भी उसी ने गौरी को बताया।

गौरी लाहौर से निकला। रास्ते में पृथ्वीराज का तवरहिंद का जो दुर्ग था, वह उसने जीत लिया। बाद में तराइन में मैदान पर आराम से पड़ाव डाला। यहाँ पर दिमाग को किसी भी तरह का तनाव दिए बिना भारी युद्ध संबंधी रणनीति तय करने के लिए बहुत समय मिला। सैनिकों को आराम मिला।

पृथ्वीराज की सेना रणथम्भौर, मेवात होती हुई भटिंडा पहुँची। उसके साथ समर्थन देने वाले राजा और 150 सामंत भी शामिल थे। कुछ महत्त्व के लोग ऐसे भी थे जो जल्दी के कारण तुरंत आ न सके, किन्तु राह चलते आ-आकर शामिल हो रहे थे।

दोनों सेनाओं के पड़ाव तराइन के मैदान पर लग गए। होने वाला खून-खराबा टालने के उद्देश्य से पृथ्वीराज ने दूत के हाथों खत भेजा कि,

"आपने हमारे तवरहिंद के किले पर बलपूर्वक कब्जा किया है। उसी से संतुष्ट होकर और आगे बढ़ने की बजाय गजनी को लौट जाओ। आपकी वापिस जाने वाली सेना पर हम पीठ पीछे से वार नहीं करेंगे।"

शहाबुद्दीन मुहम्मद गौरी झूठा और कपटी तो था ही, विश्वासघात तथा दगाबाजी में भी माहिर था। उसने तुरन्त जवाब दिया-

'हम तो पूरी तरह हमारे बड़े भाई के आधीन हैं। उनके हुक्म के मुताबिक हमको अमल करना पड़ता है। आपके प्रस्ताव के बारे में हम उनसे सम्पर्क साध रहे हैं...'

गौरी की जिस चाल में पृथ्वीराज बुरी तरह फंसे। उनकी सेना भी यही समझ बैठी कि बस, अब संधि होने ही वाली है। सैनिक सावधान हो गए। इस तरह पृथ्वीराज को गाफिल रखकर गौरी ने दूसरे रास्ते से तड़के ही आक्रमण कर दिया। आकस्मिक अंधेरे में हमला होने से राजपूती सेना घबरा गई।

राजपूतों का एकादश का उपवास था। गौरी की सेना को दिल्ली का अपमानित महामात्य सोमेश्वर मार्गदर्शन कर रहा था। गौरी ने दस-दस हजार धनुर्धर घुड़सवारों की टोलियाँ बनाई। खुद युद्ध में उतरने की बजाय निर्माण की हुई टुकड़ियों को रुक-रुककर राजपूत सेना पर हमले करने की सूचनाएं देता रहा जिससे उसकी एकाध टुकड़ी अचानक सामने आती मारधाड़ करती और भाग जाती।

युद्ध की यह नई पद्धति अपनाई गई थी।

राजपूत अपने रिवाजों की तरह खुल्लम-खुल्ला लड़ रहे थे।

दोपहर तक यही सिलसिला जारी रहा। राजपूतों का पलड़ा भारी था।

गौरी ने रिजर्व रखी फौज को युद्ध में उतारा। उसने राजपूतों को चारों तरफ से घेरकर मार-काट आरंभ कर दी। उनकी जिस दानवी वृत्ति को युद्ध की बजाय नरसंहार करना ही उचित होता। पहले ही दिन पृथ्वीराज की आधी से अधिक सेना मारी गई। उसमें बग्गरीराय ,सोहाना प्रसंगराय, पज्जून कछवाह का पुत्र बलभद्र, जानराय यादव, जैन परमार, दिल्ली का शासक गोविन्दराज, पावस पुण्डीर आदि सामंत भी थे।

युद्ध का दूसरा दिन...!

स्वयं पृथ्वीराज, रावल समरसिंह, उनका पुत्र कल्याणसिंह, गुरु रामदास, चामुण्डराय और बाकी के सामन्त युद्ध में उतरने की तैयारी करने लगे। अपनी हार पृथ्वीराज को सामने दिखाई दे रही थी। पुरुष भेस में श्यामली तराइन के पहले युद्ध की तरह इस समय भी पृथ्वीराज की अंगरक्षक बनकर उनके इर्द-गिर्द ही रुकी रहती थी।

सुबह सवेरे ही भीषण जंग छिड़ गई। आज के सेनापति थे चित्तौड़ नरेश रावल समरसिंह। अचानक उन्होंने देखा-पृथ्वीराज को यवन सेना ने घेर लिया था। कल्याण सिंह सहित वे उधर दौड़े। उन्होंने पृथ्वीराज को सही सलामत घेरे से बाहर निकालकर उनकी जान बचाई। इस कोशिश में खुद गंभीर घायल हुए। उनकी रक्षा करते-करते कल्याण सिंह भी जख्मी हुआ। अंत में दोनों पिता-पुत्र शहीद हुए।

लड़ते-लड़ते पृथ्वीराज गुरु रामदास के पास पहुँचे। हाथी पर से नीचे उतरे। कानों के कुण्डल निकालकर आदरपूर्वक गुरु को दान किए। प्रणाम किया और घोड़ों पर सवार होकर लड़ने के लिए प्रस्तुत हुए।

'मारो ऽऽ! काटो ऽऽ!! की आवाज सुनाई दी।'

पृथ्वीराज ने पलटकर देखा। अनगिनत यवन सैनिकों ने गुरु रामदास को घेरकर उन पर हमला कर दिया था। उनकी आँखों के सामने राजगुरु के टुकड़े-टुकड़े कर दिए गए। अब वे आसुरी वृत्ति के खून के प्यासे गौरी के सैनिक पृथ्वीराज की तरफ बढ़े। श्यामली भीतरं आ गई। झंझावात की तरह नाहडराय परिहार दौड़कर आए। पृथ्वीराज के करीब आकर उन्होंने कहा,

"महाराज! आप सुरक्षित स्थान पर निकल आइए। इनको मैं देखता हूँ..."

शहीद हुए तक नाहडराय ने यवनों को आगे नहीं बढ़ने दिया। तब तक पृथ्वीराज दूसरी तरफ निकल गए। अब उन्होंने जीने की उम्मीद त्याग दी। उनको किसी चीज में रुचि नहीं रही। उसी समय उनको हाहुलीराय दिखाई दिया। उन्होंने चामुण्डराय को आदेश दिया,

"सेनापति चाचा! आपने एक ही बार तीर चलाने की प्रतीक्षा की है। सामने हाहुलीराय खड़ा है। वह तीर उस पर चलाओ।"

"नहीं महाराज! यह तीर सिर्फ मुहम्मद गौरी पर चलाने की मेरी इच्छा है। उसके लिए ही मैंने इसको संभालकर रखा है। मेरा यह तीर निष्फल नहीं जाएगा। गौरी के मारे जाने के बाद आपकी फतह होगी। आप मुझे केवल इस कपटी शहाबुद्दीन मुहम्मद गौरी को मारने की आज्ञा दीजिए।" चामुण्डराय ने कहा।

हाहुलीराय को देखते ही पृथ्वीराज गुस्से के अंगार में जलने लगे थे। उन्होंने चामुण्डराय की एक न सुनी और आदेश दिया,

"चाचा! गौरी को बाद में देखा जाएगा। पहले हमारी सुनो। हाहुलीराय पर तीर चलाओ। खत्म करो उसको...।"

चामुण्डराय मजबूर हो गए। उन्होंने तीर चलाया। वह सीधा हाहुलीराय के सीने में घुसा। वह मर गया। तभी गौरी ने चामुण्डराय को तीर के आघात से मार गिराया।

अनुभवी और ज्येष्ठ सेनापति चामुण्डराय की मौत से पृथ्वी राज अकेले हो गए। अब कोई सामन्त नहीं बचा। उस समय चन्दवरदाई का पुत्र उनके पास आया। उंगली से गौरी की ओर इशारा करके उसने कहा,

"महाराज! गौरी आपके सामने बिल्कुल तीर के मार के टप्पे में खड़ा है। उठाइए आपका धनुष और मार डालिए उसको।"

पृथ्वीराज ने आश्चर्य से एकबारगी उसकी तरफ देखा। दूसरे ही क्षण कमान पर तीर चढ़ाया। परंतु हाय री किस्मत! धनुष की कमान टूटकर दो टुकड़े हो गए। तीर हाथ ही में रह गया।

हाथ में तलवार लेकर वे शत्रु सेना में प्रविष्ट हुए। सैनिकों ने उनको घेर लिया। श्यामली और गिने-चुने राजपूत सैनिक कब तक मुकाबला करते? पृथ्वीराज सिरसागढ़ की ओर चल दिए। घोड़े पर सवार श्यामली उनका साया बनकर उनके साथ हो ली।

जिन्दगी भर युद्धों में रत एक भी युद्ध न हारा हुआ, युद्ध को कभी पीठ न दिखानेवाला, वह महावीर गौरी के कुटिल शब्दों पर भरोसा रखकर पूरी तरह बर्बाद हुआ जा रहा था। हिन्दुस्तान का इतिहास ही उस दिन काला हो गया।

सिरसागढ़ पर आश्रय लेकर शत्रु का सामना करने का पृथ्वीराज का विचार था। इसीलिए शत्रु का घेरा तोड़कर वे चल दिए। दुश्मन की एक पलटन ने उनको जाते देख लिया। उनका पीछा शुरू हो गया। अपने कुछ सैनिकों के साथ वे सिरसा दुर्ग के निकट पहुँच गए। पीछा करते यवन सैनिकों से मुठभेड़ हुई। उनके और उनके अश्वों को पृथ्वीराज ने मार डाला।

पर उनके बदन पर 24 गहरे घाव लगे थे। उनमें से काफी खून बह चुका था। अभी भी बह रहा था।

और श्यामली? उसके शरीर पर हुए जख्मों की कोई गिनती नहीं थी। वह सर से पाँव तक खून में नहा रही थी।

पृथ्वीराज को ग्लानि हुई। वे गिर पड़े।

अब वहाँ का नजारा बहुत ही दिल दहलाने वाला था। सूरज डूबने चला था। जन्म से परों की शय्या पर सोने वाले सम्राट पृथ्वीराज चौहान धरती की कठिन शय्या पर चिरनिद्रा में लीन थे। देखने वालों को आकर्षित कर लेने वाली उनकी बड़ी-बड़ी आँखें बंद हैं। चेहरा असमान की ओर लगा हुआ है। उनके इर्द-गिर्द कई यवन सैनिक उनके अश्व और कुछ साकियों की लाशें बिछी हुई हैं। वे छिन्न-भिन्न हो रही हैं।

श्यामली, जिसका लौकिकार्थ से महाराज से कोई रिश्ता-नाता नहीं था उनके चरणों पर सर रखकर ऐसी पड़ी हुई है, मानों प्राकृतिक निद्रा ले रही हो। उसके शरीर पर हुई जख्मों से बहता खून पृथ्वीराज के खून में समाकर एकरूप हो रहा है।

जीवन में जो कभी संभव न हुआ वह मौत ने कुछ ही समय में कर दिखाया।

पृथ्वीराज के दुःखद, मन हिला देने वाले करुण अंत की खबर पूरे देश में फैल आई। जयचंद ने जैसे दिवाली मनाई। यह खबर सुनते ही कर्नाटकी ने अपने प्राण त्याग दिए।

दिल्ली पर मातम छा गया। अंतःपुर में रोती बैठी संयोगिता के पास जाकर रानी यशोमिता उस अवस्था में भी कह पड़ी,

"अब रोने-धोने से क्या फायदा? तुम्हारे ही कारण तो यह काला दिन देखने को मिला..."

"क्या कहती हो? मेरा क्या कसूर?" रोते-रोते संयोगिता ने पूछा।

"तुम्हारा कसूर यह है कि तुम कन्नौज के महाराज की कन्या हो। स्वामी ने तुम्हारा हरण किया। उसका क्रोध करके तुम्हारे पिता ने उस यवन राज को दिल्ली पर आक्रमण करने के लिए निमंत्रित किया। सेना से लेकर सभी प्रकार की मदद दी..."

यशोमिता आगे और कुछ कहती इससे पहले संयोगिता ने गद्दी के नीचे से कटार निकाली। खुद के हाथों से पेट में वार करके आत्महत्या कर ली।

अन्य रानियों ने यमुना तट पर चन्दन की चिता जलाई और एक साथ वे सब सती हो गईं।

16. अंत

पृथ्वीराज नहीं रहे। उस समय उनकी आयु थी केवल 26 बरस! अभी-अभी तो युवावस्था प्राप्त'हो रही थी। किसी ने खूब कहा है-

"चौहान रण में शहीद हुए पाई मुक्ति महान
श्यामली ने उत्सर्ग किए चरणों में अपने प्राण।"

गौरी का कोई विरोधक या प्रतिस्पर्धी ही न रहा। उसको और उसकी सेना को खुला मैदान मिल गया। उन्होंने राजधानी दिल्ली में प्रवेश किया। लूटमार, बलात्कार और अत्याचारों पर किसी का नियंत्रण न रहा। वयस्कों को मौत के घाट उतारा गया। धनवानों को मार-पीट कर उनका धन लूट लिया गया। युवक और बच्चों को गुलाम बना लिया गया। इज्जत बचाने के लिए कई बहनों ने कुओं में कूदकर अपनी जान दे दी।

सुल्तान शहाबुद्दीन मुहम्मद गौरी ने मंदिरों के स्तंभ और नींव खुदवा कर जमीनदोस्त करवा दी। बाद में वहाँ मस्जिदें और इस्लाम का प्रचार-प्रसार करने वाले स्कूल खड़े किए।

दिल्ली का कोई रक्षक नहीं रहा। जितनी हो सकी, उतनी लूट-पाट कर लेने के बाद गौरी ने उसके गुलाम कुतुबुद्दीन ऐबक को दिल्ली का शासक नियुक्त किया। उसके साथ सेना भी रखी। इसके बाद कोहराम और संभल में दो किले जीत लिए। वहाँ काका कान्ह का दामाद युद्ध में मारा गया। उसकी पत्नी उसके साथ सती हो गई। दोनों दुर्ग कुतुबुद्दीन की निगरानी में दिए गए।

ये सब घटनाएं इतनी तेजी से और अल्प समय में घटीं कि चौहान साम्राज्य की प्रजा को महाराज के मारे जाने पर सोचने की भी फुर्सत न मिली। वे हताश हो गए। ऐसे समय में राष्ट्रीय आपत्ति की बेला में सबको संभालकर एक सूत्र में बांध सके, ऐसा एक भी समझदार व्यक्ति न बचा। सबके मन में डर, नैराश्य और निरुत्साह भर गया। हरेक युवती अपने आपको असुरक्षित समझ रही थी।

कुतुबुद्दीन ऐबक इस्लाम का पक्का प्रेमी था। उसने शासनकाल में दिल्ली, अजमेर और बनारस के अनेकानेक मंदिरों की तोड़-फोड़ की। उनके स्थान पर मस्जिदें बनवाईं।

दिल्ली के विनाश के बाद गौरी को अजमेर की याद आई क्योंकि दिल्ली के राजकाज का मुख्य गण अजमेर ही था। राह चलते आतंक फैलाता, मंदिरों को ध्वस्त करता वह अजमेर पहुँचा।

गंगवाणी गाँव में असंख्य मंदिर थे। इसलिए उसकी मंदिरों का शहर नाम से ही पहचान थी। गौरी ने वहाँ के 1200 मंदिर नष्ट करके वहाँ नई मस्जिदें बनवाईं।

महाराज सोमेश्वर ने अजमेर में वैद्यनाथ का बहुत बड़ा विशाल मंदिर बांध रखा था। गौरी ने वह गिरा डाला। जिस मंदिर के सामने सोमेश्वर के पिता अर्णोराज-अनाजी-इनका अश्व पर आरूढ़ पूर्णाकृति भव्य पुतला था। उसके सामने महाराज सोमेश्वर का खड़ा पुतला था।

गौरी ने पुतले भी गिरा दिए। मंदिर और चौहानों के अर्थकोष से उसको अपार धन प्राप्त हुआ। उसको देखकर ऐसा लगता था, जैसे सागर ने अपनी समूची दौलत बाहर लाकर बिखेर दी हो।

इस तरह आपसी कलह और फूट के कारण एक हिन्दू राज्य का अंत हुआ। भारत का इतिहास ही धूमिल हो गया। भारतमाता गुलामी की श्रृंखलाओं में आबद्ध हो गई।

शहाबुद्दीन मुहम्मद गौरी का और पृथ्वीराज का पहला सीधा मुकाबला 1186 में हुआ था। पंजाब की जीत के बाद विजय के नशे में गौरी ने पृथ्वीराज के साम्राज्य के हिस्से पर आक्रमण किया। गुप्तचरों से खबर पाते ही म्यान से तलवार बाहर खींचकर पृथ्वीराज ने प्रतिज्ञा की,

"जय एकलिंगजी की कसम, हम इस मुहम्मद गौरी को बांधकर ले आएंगे और हमारे चरणों पर उसको नाक रगड़वाएंगे।"

अपने भव्य सफेद घोड़े पर बैठकर पृथ्वीराज युद्ध में उतरे। उनके साथ चुने हुए राजपूत सैनिक थे। गौरी के साथ अफगानिस्तान-गजनी के लम्बे, तगड़े पठान और भारतीय सैनिक थे। भीषण युद्ध हुआ। पृथ्वीराज की तलवार के तांडव के आगे यवन सैनिकों पर 'त्राहि माम्' कहने की बारी आई। पृथ्वीराज ने अपना घोड़ा गौरी के हती से सटाकर गौरी को खींचकर नीचे गिराया। पृथ्वीराज ने उसको पकड़ लिया।

पृथ्वीराज के हाथों गौरी की यह पहली हार थी।

"सुल्तान! कहिए, अब क्या करें?" पृथ्वीराज ने पूछा।

दोनों हाथ जोड़कर नाटकीय ढंग से गौरी ने जवाब दिया,

"हे राजपूत कुल गौरव महाराजा पृथ्वीराज जी! मुझे एक बार बख्श दो। भविष्य में मैं कभी भी हिन्दुस्तान की ओर आँख उठाकर नहीं देखूँगा..."

पृथ्वीराज ने झूठी राजपूती शान में कहा-

"हम राजपूत हैं और राजपूत पराभूत या शरण आए हुए दुश्मन पर कभी वार नहीं करते सुल्तान! आइए, हम आपको छोड़ देते हैं। पर याद रहे, दुबारा हिन्दुस्तान को छेड़ने की कोशिश न करना।"

पृथ्वीराज ने गौरी को जीवनदान दिया। यह उनकी बहुत बड़ी भूल थी। हाथ आए हुए या शरणागत दुश्मन को बाइज्जत खुला छोड़ देने की अव्यवहार्य पोली राजपूती शान का ढोल पीटते-पीटते कितने ही राजपूत खानदान मिट्टी में मिल गए। फिर भी मूर्ख राजपूतों की आँखें नहीं खुलीं। यह दुर्भाग्य की बात है।

मुसलमानों का शास्त्र कहता है-

'दुश्मन को एक बार कैद करने के बाद कभी भी जिन्दा नहीं छोड़ना चाहिए...'

झूठे बड़प्पन के जाल में न फँसकर इस्लाम के तत्त्वानुसार इस पहले युद्धोपरान्त पृथ्वीराज ने मुहम्मद गौरी का इलाज करवाया होता तो आगे का पूरा इतिहास बदल गया होता। परन्तु होनी को कुछ और ही मंजूर था।

राजपूतों में स्वाभिमान की भावना कुछ अतिरिक्त ही प्रबल थी। उसकी रक्षा के लिए किसी भी स्तर पर जाने में वे न पिछली सोचते थे न अगली। पृथ्वीराज का महामात्य सोमेश्वर, कन्नौज नरेश महाराज जयचंद राठौर, जम्मू का महाराज विजयराज, कांगड़ा दुर्गपति हाहुलीराय हम्मीर इनके उदाहरण इस बात का सबूत थे। कहावत है-

'घर का भेदी लंका ढाए!'

उन्होंने केवल अपने व्यक्तिगत स्वाभिमान के लिए शहाबुद्दीन मुहम्मद गौरी सरीखे पराए दुश्मन को मदद करने में कोई कसर बाकी न रखी। उनका बस एक ही उद्देश्य था-खुद के अपमान का पृथ्वीराज से बदला लेना। इससे आगे राष्ट्रीय हिताहित की उनको कोई फिक्र न थी।

तराइन के दूसरे युद्ध में गौरी के झूठे आश्वासन पर भरोसा रखकर पृथ्वीराज और उनके सैनिक विजय मिला समझकर गाफिल रहे। गौरी ने चतुराई से इसका लाभ उठाया। उसने राजपूत सेना पर झुंजूमुंजू होने के ऐसे समय में हमला करवाया जिस वक्त राजपूत प्रातःकालीन विधियों से निबटने में व्यस्त थे और सेनानायक अभी सो रहे थे।

पृथ्वीराज की सैनिक शक्ति प्रचंड थी। पर उनके भीतर दूरदर्शिता की त्रुटि थी। इस कारण पास-पड़ोस के सताए हुए राजाओं की असहयोग वृत्ति, हठी स्वभाव और आखिर में संयोगिता हरण की घटना इनके कारण कुशल सेनापति और शक्तिमान शासक होते हुए भी पृथ्वीराज की हार हुई।

पृथ्वीराज से युद्ध के लिए मुहम्मद गौरी को निमंत्रित करते समय महाराज जयचंद राठौर के मन में संयोगिता हरण का बदला लेने का विचार तो था ही, इसके अलावा दिल्ली की सत्ता प्राप्त करने का भी उनका दावा था। उनकी साम्राज्य तृष्णा अतृप्त थी।

वे उस समय के महानतम हिन्दू राजा थे। उनके पास विशाल राज्य के साथ-साथ लड़ाकू सेना, हाथी-घोड़ों की विपुलता थी। उत्तर भारत में वे अकेले ही ऐसे राजा थे जिनके राज्य की सीमा पाटने से जा भिड़ी थी।

मुहम्मद गौरी को जयचंद सरीखे शक्तिशाली राजा का और उनके राजपूत सैनिकों का साथ न मिला होता तो युद्ध का नतीजा कुछ और देखने को मिलता। जयचंद समझते थे कि गौरी आएगा, पृथ्वीराज को हराएगा, अनगिनत लूटपाट करेगा और गजनी को लौट जाएगा। पृथ्वीराज के विनाश के लिए की हुई अपनी मदद के बदले में कृतज्ञ होकर जाते-जाते दिल्ली की सत्ता अपने को सौंप देगा।

दूसरे के लिए गड्ढा खोदने वाला खुद उसमें गिरता है, यह बात महाराज जयचंद को याद न रही।

उनकी अपेक्षा और अंदाजानुसार कुछ भी नहीं हुआ था। गौरी ने गजनी के लौटते समय दिल्ली की व्यवस्था कुतुबुद्दीन ऐबक के हवाले की थी। जयचंद का मामूली-सा आभार प्रदर्शित करने तक की औपचारिकता नहीं निभाई थी।

जयचंद के मन को यह बात अखरी। मन ही मन में वे बहुत नाराज हुए। उन्होंने सिखा-पढ़ाकर एक दूत को गजनी भेजा। दूत को देखकर पहले तो गौरी के माथे पर बल पड़ गए फिर चेहरा सामान्य करके वह बोला,

"आइए राजदूत! हमारे परम मित्र महाराज जयचंद राठौड़ की कुशलक्षेम तो है न?"

"जी हुजूर! पर..." दूत हकलाया।

"कहिए, खुले दिल से।" गौरी ने कहा।

"हमारे महाराज ने आपकी सभी तरह की मदद की। इसीलिए युद्ध में आपकी जीत हुई। उनको क्या मिला?"

"हम उनके शुक्रगुजार हैं। उनको क्या चाहिए?" कुत्सितता से गौरी ने पूछा।

"दिल्ली का राज्य! कम से कम राज्य का कुछ हिस्सा।"

"बहुत खूब! दूत, हम दुबारा जल्दी ही हिन्दुस्तान के सफर पर आ रहे हैं। महाराज से कहो, तब उनका पूरा हिसाब कर डालेंगे। भला हम उनको कैसे भूल सकते हैं..."

दूत के रहने की, भोजनादि की बड़ी व्यवस्था रखी गई। वह गौरी के आतिथ्य से बहुत प्रभावित हुआ।

वह गजनी से कन्नौज लौटा। जयचंद के सामने गौरी की तारीफ के पुल बांधने लगा। वह सुनकर जयचंद को गौरी की दोस्ती पर बड़ा नाज हुआ। वे आतुरता से गौरी की प्रतीक्षा करने लगे।

1193!

तराइन के दूसरे युद्ध के बाद का साल।

वह घटना जिसकी जयचंद बड़ी बेसब्री से प्रतीक्षा कर रहा था, गुप्तचरों ने खबर दी,

"महाराज! शहाबुद्दीन मुहम्मद गौरी की सेना ने गजनी से कूच किया है। वह हिन्दुस्तान की तरफ ही बढ़ी चली आ रही है।"

"गौरी हमारा परम मित्र। हमारी बेटी के स्वर्गवास की खबर मिलने पर हमें सांत्वना देने के लिए आ रहा होगा। महामंत्री रूपचंद जाओ, नगर को सजाओ। गौरी के सत्कार की तैयारियाँ करो। कोई कसर न रहने पाए..."

"जी महाराज!" इतना कहकर मंत्री रूपचंद चला गया।

वह गौरी के सत्कार की तैयारी करने लगा। राजा और भोले नगरवासी खुशियाँ मनाने लगे। गौरी आने का ही अवकाश, सबने उसके चरणों पर दंडवत डालने की तैयारी की। वे राजा के साथ-साथ गौरी के आने की प्रतीक्षा करने लगे।

और गौरी आया। और उसके साथ ही नगर में-

'मारो! काटो! भागो! दौड़ो!' की आवाजें गूंज उठीं।

गौरी के आदेश से, उसकी सम्मति से उसके सैनिक काटा-काटी, बलात्कार और अत्याचार करने लगे। उन्होंने कोहराम मचा दिया। जयचंद के गाफिल सैनिक शस्त्रास्त्र संभालकर प्रत्यक्ष मुकाबले के लिए तैयार होने से पहले ही कत्ल हुए जा रहे थे।

जयचंद गौरी की इस चाल को अब समझे। उनकी आँखें खुलीं। पर देर हो चुकी थी।

महाराज जयचंद हाथी पर बैठकर युद्ध के मैदान पर आए। गौरी उन्हीं की बाट जोह रहा था। ठिठोली भरे व्यंग्यात्मक स्वर में हँसते हुए उसने कहा,

"आइए महाराजा कन्नौज! जंग के मैदान में हम आपका स्वागत करते हैं..."

"शहाबुद्दीन, धोखेबाज, कायर, गद्दार..."

"बस! बस महाराज! अपने आपको कितनी गालियाँ दोगे! गद्दार तो तुम हो। आपनी कौम, अपना देश, दामाद, कन्या! तुमने किसी के बारे में नहीं सोचा। इतने बड़े राज्य का स्वामी होते हुए भी तुम्हारी तृष्णा कम न हुई। तुम्हें दिल्ली का भी राज्य चाहिए। वही देने के लिए हम गजनी से चलकर आए हैं। लो, संभालो...।"

धनुर्विद्या में गौरी भी बहुत तेज था। उसने तीर चलाया। वह जयचंद की आँख में घुसा। वह हाथी की पीठ पर के हौदे से नीचे गिरा। चंगेज खान की तरह शहाबुद्दीन मुहम्मद गौरी ने भी शौर्य की सीमा लांघ दी। जयचंद का सर काटकर उसको ऊँचे भाले के टोंक पर लटकाकर रणक्षेत्र में घुमाया गया।"

राजपूत सेना भाग खड़ी हुई।

यवन सैनिकों ने नगर में प्रविष्ट होकर मनमानी लूट की। लूट में इतनी संपत्ति मिली कि देखने वालों की आँखें चौंधिया गईं।

कम से कम 1000 मंदिरों को तुड़वाकर वहाँ मस्जिदें खड़ी कर दी गईं।

राजमहल पर शान से लहरा रहा सूर्य चिह्नित केसरी ध्वज उतारा गया। वहाँ पर इस्लाम का हरा झंडा फड़फड़ाने लगा।

योगिनी ने सपने में आकर पृथ्वीराज को हिदायत दी थी-

'पिता और पति दोनों के कुलों का नाश करूँगी...'

उसका कहा सच हुआ था।

शहाबुद्दीन लाहौर से गजनी जा रहा था। रास्ते में दमयक नाम के स्थान पर नमाज पढ़ने लगा। तब खोखरा-गक्कर-जोगों ने उसका खून कर डाला, वह तारीख थी 15 मार्च 1202।

कृतज्ञता

1) पृथ्वीराज चौहान ..यश शर्मा
2) भारत का अंतिम हिंदू सम्राट
पृथ्वीराज चौहान ..दामोदर लाल गर्ग
3) पृथ्वीराज चौहान ..चाल सपरा
4) सम्राट पृथ्वीराज चौहान ..देवीसिंह मंडावा
5) पृथ्वीराज चौहान ..एम.पी. कमल
6) पृथ्वीराज रासो–
पद्मावती समय ..डॉ. हरिहरनाथ टण्डन
7) आल्हा–उदल ..परमहंस प्रमोद